幸せを拒む病

心理療法家
笠原敏雄著
Toshio Kasahara

Forest
2545
Shinsyo

はじめに

これまで私は、主として精神病や心身症をもつ人たちの心理療法を、四〇年以上にわたって続けてきました。最初の六年弱は、私の恩師が開発した精神病のための心理療法の当否の検証に当てました。それ以降は、心因性疾患全般を対象にして、独自の心理療法と、その背景にある人間の心の本質を模索してきました。

その中で、他に類例のない心理療法の技法や理論が生まれるのと相前後して、普遍的な心の法則のようなものが少しずつごく自然に浮かび上がってきたのです。それは、時代や文化圏によって多少の変奏はあるでしょうが、主旋律としては、心因性疾患をもつ人たちだけでなく、おそらく人種を問わず、すべての人間に共通するものでした。

現在の科学知識では、心に法則はないとされています。もちろん、私の長年の探究を通じて浮かび上がったのは、物理法則のようなものとは違います。人間の場合、あまりに複雑すぎて、物理学のようなまねはとてもできません。とはいえ、ほぼ決まった条件に従って起こるという点では、法則と呼んで差し支えないでしょう。そして、個々の法則の上位に、それらを律する原理のようなものがあることがわかってきたのです。

たとえば、第1章でとりあげる「締切りまぎわにならないと手がつけられない」とか、「勉強しようとするとゲームをしたくなる」という現象や、「遅刻の常習犯」とか「三日坊主」と呼ばれる行動があることは、よくご存じだと思います。

これらは、だらしがないとか、意志が弱いといった切り口でとらえられていますが、心の専門家であっても、自力で克服するのはきわめて難しいものです。これらを、たとえば、昨今の流行に従って、ＡＤＨＤ（注意欠陥多動性障害）の症状と考えたとしても、それを薬で解消できると考える人は、さすがにいないでしょう。何であれ、これらが多くの人に生涯つきまとうほどの、解決が難しい問題であるのはまちがいありません。

とはいえ、これらの問題を、「誰もが生まれながらにもっている、幸福を否定しようとする強い意志によって起こった現象」として説明されると、ほとんどの人たちに強い違和感が起こるはずです。「そうした意志を弱めない限り、その解決はきわめて難しい」

と聞けば、なおさらでしょう。

しかし、長年にわたる探究の中で浮かび上がってきたのは、このような、常識とは大幅に異なる結論でした。これをもう少していねいに説明すると、次のようになります。

①自らの「無意識の一部」が、自分が幸福の状態にあることを極度に嫌い、その幸福感を意識にのぼらせないような策を講ずる。

②それと並行して、自分が幸福ではないことを自分の意識に言い聞かせるために、目の前に問題を作りあげる。

③その結果として生み出されるのが、心身症や精神病という病気であり、行動の異常である。

この一連のしくみをつかさどる「無意識的な意志」のことを、私は〝**幸福否定**〟と呼んでいます。この比類のないほど強靭な意志は、本来もっている高度の能力を存分に発揮して、意識に気づかれないように自分の心身を自在にコントロールするのです。そのため、意識は完全にだまされることになります。

これは、無意識に視点を置いた考えかたでもあります。しかし、これではばかばかしいにもほどがあるとして、一笑に付されるのが落ちでしょう。

ところで、イエズス会司祭、ピーター・ミルワードは、おそらくこのしくみの一端について、善と悪は心の中で背中合わせに住んでいるが、「神の聖なる霊に近づけば近づくほど、邪悪な霊の誘惑にもさらされる」と述べています〔『イエスとその弟子』〔講談社現代新書〕三五ページ〕。キリスト教文化圏では、悪魔やサタンと呼ばれる邪悪な霊を、本来は人間の外部ではなく、人間の心に内在するものと考えていたようです。

その考えに照らせば、幸福な状態に近づくと、自分の心に潜む悪魔が、それを妨げるべく動くことになります。わが国にも、「好事、魔多し」という、ある意味でそれに近い言葉があります。

このように、比喩的《ひゆてき》に考えれば、あるいは深く考えさえしなければ、それほどの違和感はないかもしれません。ところが、これを、科学的な脈絡に位置づけると、即座に強い嫌悪感や反発が起こるわけです。

こうした奇妙な考えかたは、私の恩師が発見した〝反応〟という客観的指標を使って、個々の着想を厳密に検討しながら、少しずつ発展させてきたものであり、単なる推定から生まれたものではありません。そして、三〇年以上の年月をかけて、細かい観察や実験的検証を経て、さらには、〝幸福否定〟の理論に基づいた心理療法による治療効果を通じて、この考えかたの妥当性を確認し続けてきたのです。

とはいえ、どのように説明しても、それどころか詳しく説明すればするほど、ますます納得しにくくなるかもしれません。そのため、この考えかたの当否を判断なさる場合には、本書の随所で提示されるさまざまな根拠をご覧いただいたうえで、第4章で説明する〝感情の演技〟という具体的方法を通じて、客観的に検討してくださるよう、切にお願いいたします。その際に、本書の原典となった拙著（『懲りない・困らない症候群』〔『なぜあの人は懲りないのか困らないのか』と改題されて再刊〕、『幸福否定の構造』〔以上、春秋社〕および『本心と抵抗』〔すぴか書房〕）を参照していただければ幸いです。

最後に、本書をお読みいただくに際して、若干の注意事項を記しておきます。ひとつは、一般向けの新書としては煩雑な感じになるため、留保条件をつけるのを避けたところがあることです。その結果、時として、舌足らずで少々断定的に感じられる表現になってしまったかもしれません。同じ理由から、引用文献の明記も、必要最小限にとどめています。それらの不足については、別著（『幸福否定の構造』や『本心と抵抗』）を参照していただければ幸甚です。

もうひとつは、あえて反復を多くしていることです。読者によっては辟易《へきえき》されるかもしれませんが、本書のように目新しいことばかり書かれている場合には、同じ内容が何度も繰り返されたほうが、記憶に留まりやすいと判断したためです。ご容赦のほどお願い申し上げます。

『幸せを拒む病』
もくじ

第2章 本当の幸福を否定する心のしくみ

第3章 〝幸福否定〟から見た異常行動や症状のしくみ……119

装丁・本文デザイン……河村 誠
カバーイラスト……といだあずさ
DTP……キャップス
校正……鴎来堂
構成・編集協力……西村舞由子（編集工房まる）

第1章

身近な出来事に潜む〝幸福否定〟

締切りまぎわにならないと手がつけられない

締切りまぎわにならないと課題に手がつけられないという現象は、誰でもよく知っています。世界中の、特に先進工業国では、ほとんどの人たちに起こっているのではないかと思われるほど、数のうえではごくふつうの現象です。読者のみなさんの中にも、身に覚えがある方が多いはずです。

それまでいくらでも時間があったのに、締切りの存在を完全に承知しながら、締切りまぎわになるまで、何もしないまま放置してしまうという行動は、どう考えても不合理です。むしろ〝異常行動〟と考えるべきなのではないでしょうか。

にもかかわらず、この状態を、根本的な修正が必要な問題行動と認め、真剣にその対策を練るような人はかなり少ないはずです。それどころか、実際には解決を先送りしているだけなのに、「人間とはそういうものだ」などとうそぶいている人たちもいるようです。心の問題を探究すべき立場にいる心理学者や精神科医ですら、その圧倒的多数が自ら経験しているはずのこの症状を、真正面から真剣に研究することはまずありません。それどころか、自らが同じ問題を抱えていても、その解決ができないのが現状なのです。専門家といえども、実際には薬に頼る以外の方法をもっているわけではないからです。

また、**この問題を真剣にとらえ、いわゆるグズを治す方法を教える本などを読んだとしても、ことはそう簡単ではありません。技術の問題ではないからです。**

では、覚悟を決めて気持ちを奮い立たせ、締切りまでにまだ時間の余裕がある段階で、そうした課題にとり組もうとすると、どういうことになるのでしょうか。経験のある方にはよくわかるはずですが、さまざまな誘惑に苦しめられることになるのです。まず、その課題にとり組もうとしても、机に座るなどの位置に着くまでが大変です。

首尾よく机の前に座ることができたとしても、今度は、テレビやビデオを見たくなったり、ゲームをしたくなったり、関係のない本や雑誌を読みたくなったり、飲み食いをしたくなったり、誰かに電話をかけたくなったり、横になりたくなったりするのです。自分の体が〝悪魔の誘惑〟に負けて、自分が望んでいるはずの方向とは正反対の動きをしてしまうわけです。これにあらがって、先に進むのは大変で、ほとんどの人は、ここで努力を放棄してしまいます。

このうえなく強い抵抗の力

実際には非常に難しいことなのですが、そうした誘惑をこらえて、なおも課題にとり組もうとすると、どうなるのでしょうか。その場合、あくびが続けざまに出たり、強い眠気に襲われたりすることもあれば、頭痛や下痢や脱力やアレルギー様反応などの身体症状が、一瞬のうちに起こることもあります（こうした「あくび」「眠気」「身体的変化」を総称して、私は〝反応〟と呼んでいます）。

しかし、その〝反応〟が、その課題にとり組んでいるために起こっているという因果関係に気づく人は少ないでしょう。もし気づいたとしても、心の負担になることをしているために、そのストレスが原因で起こっていると考えることが多いはずです。

それにもめげずに、むりやり課題にとり組む努力を続けると、そうした〝反応〟はもっと強くなります。次に紹介するのは、このようにして起こった反応を自らリアルタイムで記録した珍しい報告です。過眠傾向をもつある作家が書いたもので、締切りにまにあわせようとして原稿を執筆している最中に出た反応を、実況中継のように、そのつど記録し、電子メールで送ってくれた文章の一部です。

一一時〇〇分〔午前〕。ここで、中断します。

深く息をつき、腕を組み、少しですが、「横になりたく」なっています。いつもの習いとして、一一時ごろというのは「危ない」時間帯で、朝、わりと普通の時間に起きられたとして、このくらいの時間になると、眠気が来たりすることが日常的には最も多いという認識は、心理療法にかかる前から持っていました。

そして、今日、こうして、どうにか仕事をしながら「実況」までしていることが、実は今日だけのことに留まらず、いままでずっと「止めていた」ことの終焉《しゅうえん》を意味するのではないかという考えに至った途端、身体《からだ》が大きく反り、跳ねるような反応が出ました。それは、上の「横になりたく」の行を打っているあたりからはじまり、ここまでの間に三度ほどありました。〔中略〕

便意は、強くはありませんが持続しています。ここまでで、結構、疲れました。

「一一時の眠気」を乗り切った感じがします。（と、意識をしたら、首がガクガクと動く反応が、短く、鋭くありました）

疲れたので、パソコンの前に座ったまま、少し休みます。一一時一三分。

抵抗にあらがって課題にとり組み続けようとすると、わずか13分の間に、これほど大変なことが起こるのです。原稿を書くことに対する抵抗による反応だけでなく、これで原稿を書けない状態から抜け出せるのではないかと考えただけでも、強い反応が出ていることがわかります。**こうした反応は珍しいことと思われるかもしれませんが、内容を問わなければ、自覚がないだけで誰にも同じように起こるのです。**

このような場合、どういう反応が出るかは人によっても違いますし、その時に置かれている状況によっても違います。この作家の場合には、体の大きな動きや便意や疲れなどが出ていますが、強烈な偏頭痛に襲われることもあれば、身動きがとれないほど脱力感が強くなったり、いつのまにか眠り込んでしまったりすることもあります。

しかし、その努力をやめれば、こうした反応はその瞬間に薄れるか消えるかします。そして、締切りが近づき、もはや必要最小限のことしかできない段階になると、その抵抗も弱まるため、それまで禁止されていた行動が解禁されたかのように、曲がりなりにもその課題を片づけることができるようになるのです。

最小限のことしかできないため、不全感が残ることもありますが、それも心底から懲りることなく、まもなく忘れてしまいます。その結果、次に同じ課題に直面した時にも同じことを繰り返してしまうのです。

この場合、懲りるということがほとんどありません。それは、なぜなのでしょうか。

懲りさえすれば、次の機会までに心を入れ替え、少なくとも同じ失敗はしにくくなるはずです。そのような方向から考えると、懲りないのは（あるいは懲りようとしないのは）、

「無意識のうちに進歩を嫌っているためではないか」という推測がここで生まれます。

なぜか、絶望的に「片づけられない」人たち

部屋の片づけも、つい先延ばしにしてしまい、なかなかできない課題のひとつです。できる人には難しくないのですが、できない人には絶望的にできないのです。この落差は、極端に言えば違う世界に住んでいるようなもので、非常に大きいと思います。

ただし、**片づけが難しいのは、自分の家や自分の部屋を、自発的に片づけようとする時にほぼ限られます**。逆に言えば、自分の部屋や家以外の所を、外部からの要請があって片づけるのは、一般にそれほど難しくないものなのです。ですから、友人が遊びに来るとか、エアコンが壊れて電気屋さんが修理に来るとかの場合なら、比較的スムーズに片づけることができます。

ある三〇代の女性も、その例外ではなく、いつもは片づけができないのに、来客がある時には、素早く、しかもきちんと片づけることができます。そのため、その様子を見

ていた小学生の娘に、「お母さん、毎日お客さんが来るといいね」と皮肉を言われたそうです。

他人の家を片づけるのも、難しいことではありません。ハウス・クリーニングの仕事をしていた、やはり三〇代の女性は、仕事としての片づけは実にてきぱきとでき、仕事が終わってからもしばらくの間は、どこに何を収納したかまではっきり覚えていたそうです。にもかかわらず、自分の家はごみ屋敷のような状態なのだそうです。

五〇代のある女性は、やはり片づけができない近所のふたりの女性とグループを組み、その三人で、それぞれの家を順番に片づけるという方法を考えつきました。このやりかたでは、自分の家を自力で片づけられるようにはなりませんが、片づけ自体は進むので、その点では名案と言えるかもしれません。

それに対して、片づけに抵抗のある人が、自発的に自分の部屋を片づけようとすると、雑多なものが重なり合った山に向き合うこと自体が、そもそも大変です。意を決して片づけようとしても、他の用事を思い出したり、手に取った雑誌を読みふけってしまったりして、片づけに気持ちを向けることができません。

それでもがんばって続けようとすると、先の作家の事例で出たような、強い反応が出るようになります。だるくなったり、体が動かなくなったり、片づけを始めているわけではないのに鼻水が出てきたり、生あくびを頻発したり、眠気が襲ってきたり、そのまま横になって眠ってしまったりするわけです。

これは、先ほどの、締切りまぎわの問題の時に出た反応と同じ種類のものです。したがって、片づけをやめることにすれば、こうした強い反応も即座に消えます。

反応は、ある原因に直面すると急速に出て、その原因から遠ざかると急速に消えるという特徴をもっています。この興味深い現象は、人間の心の働きを考える場合、非常に重要な意味をもっています。この現象については次章で詳しく説明します。

片づけができないのは、技術の問題ではない

片づけができないのは、段どりがうまく立てられず、手ぎわが悪いためだとして、片づけの技術を教える専門家もいます。実際に、その種の本も数多く出版されていますし、

ベストセラーになっているものもあるようです。

専門家に手とり足とりして教えられれば、片づけの技術自体はそれなりに身につくでしょう。しかし、それで片づけが手ぎわよくできるようになるのは、もともと片づけに抵抗がない人の場合です。片づけに抵抗のある人が、技術を身につけたおかげで、自分の家や部屋が自発的に片づけられるようになった、という話は聞いたことがありません。

必要に迫られた状況でなら、比較的簡単にできるということは、技術の問題ではないということです。それは、先のハウスクリーニングの女性の事例からもはっきりするでしょう。これらは、珍しいどころか、多くの人に見られる、ごくふつうの現象です。

物があふれている現代では、このような人たちが、片づけを自発的にしないまま生活していると、家の中はいつしかごみで満杯になり、しまいには身動きがとれない段階にまで進んでしまいます。ひどい場合には、コンビニ弁当の食べ残しなどをそのまま部屋に放置しますから、こぼれた汁が床にしみこんで、悪臭が立ち込めるまでになります。

それでも片づけができない場合には、友人に頼むか、専門の業者に頼むことになるでしょう。そのような商売が成立するということは、相当の需要があるということにほかなりません。ところが、片づけに抵抗がある人の中には、友人や業者に頼むことにも抵抗が働き、依頼の電話すらなかなかできない人がいるのです。そのため、心理療法の機会を利用して、私の前でようやく業者に電話できた人もいます。

そこまで片づけができないと、世間からは異常者扱いされるかもしれませんが、そうとは限らないどころか、社会の中でふつうに活動している人のほうが、圧倒的に多いと思います。片づけを含む一部の行動を除けば、いわゆるふつうの人たちなのです。

片づけには、①部屋をきれいにする、②整理して、ものを効率よく使えるようにする、③自分を前向きな状態に置く、などの意味があります。そして、抵抗はこの順に強くなるのです。①の床に散乱しているものを押し入れや棚に入れることまでは何とかできても、②の効率よく使えるように片づけるのは難しいでしょう。そのような片づけかたができなければ、何かを使う時になると、それを見つけ出すために、ほとんどのものを外にとり出さなければならなくなります。そこで、また散らかってしまうわけです。

そして③は、自分がきちんとした人間だと認めたくない結果として起こるものです。その場合には、きちんとした人間がするはずのことに、ことごとく抵抗が働きます。遅刻を繰り返すのも、多くはその結果でしょう。いわゆるだらしがない状態です。このような人は、自分の部屋が散らかっていることについて、片づいているとかえって落ち着かない、などの理屈をつけることが多いようです。

「遅刻魔」に共通するふしぎな特徴

始業時間や待ち合わせの約束に必ず遅れる遅刻の常習者も、私たちのまわりにたくさんいます。ふしぎなことに、目的地が遠くても近くても、たとえば10分というふうに、いつも決まった時間だけ遅れる人が多いようです。

そのため、その時間だけ早く家を出れば、遅れずにすむはずです。もちろん本人は、それを承知しているので、そうしようと努力するわけです。にもかかわらず、やはり同じ時間だけ遅刻してしまいます。このことからすると、意識的なものではないとしても、いつも何かの調整が働いているという印象を受けます。

その結果、職場であれば、上司に厳しく注意されたり、重度の遅刻の場合には、減俸処分を受けたりすることになります。友人同士の待ち合わせなら、あいそをつかされたり、信頼を失ったりすることになるわけです。重症の事例としては、全国放送の大手テレビ局の、しかも生放送の仕事に遅刻し、大変な問題に発展した事例もあります。それでも、解雇されるまでは何ごともなかったかのように遅刻が繰り返されることが多いのです。同じ問題を抱えている人以外には理解しにくい行動でしょう。

さらにわかりにくいことがあります。始業時間に遅れる場合、朝、起きられないためではないかと考える方が多いでしょうが、そうとは限らないのです。目覚まし時計をいくつか使ってすら、目が覚めにくい人が多いのはまちがいありません。ところが、遅刻の常習者の中には、朝早く起きる人もいるのです。にもかかわらず、支度に手まどって出るのが遅れてしまったり、支度が終わっても、ぐずぐずしていて、なかなか出ることができなかったりするのです。本人以外には説得力がありませんが、いわば、体が出かける方向へ動いてくれないということです。

それどころか、出かける前に、天気がいいからもったいないという理由で洗濯を始めたり、いつもはできない片づけを始めたりして遅れる人もいれば、まにあう時間に家を出ていながら、途中で喫茶店に入ったりしてなぜか時間をつぶすような人もいるのです。

これらの実例を見ると、むしろまにあわないように、つまり決まった時間だけ遅刻するように調整しているらしいことが、ますますはっきりしてきます。

一般の心理療法やカウンセリングでは、〝気づき〟ということが重視されているようです。では、この場合、意識では自覚できないにしても、自分の中に「意図的に遅れるような無意識の調整が働いている」という、ことの重大性に気づいたとしたら、どうなるのでしょうか。ところが、その気づきによって、遅刻がなくなることはほとんどないのです。

要するに、意識は行動を変えるほどの強い力をもっていないということなのでしょう。残念ながら、現段階の人間の意識は、その程度のものです。

このような身近な「問題行動」も、根はかなり深刻だということなのですが、さらに問題なのは、そのことを専門家も理解できていないということです。これは、由々しき事態なのではないでしょうか。

この問題の深刻さをおわかりいただくために、次に、いわゆる〝プラス思考〟という考えかたをとりあげて説明しましょう。

〝プラス思考〟の難しさ

最近は、〝プラス思考〟や〝ポジティブ思考〟という方法が奨励されることが多いようです。書店に並ぶビジネス書の多くでも、プラス思考の効能が並べ立てられています。プラス思考という考えかた自体は悪くないのですが、問題は、それが、言われているほど簡単なことなのかどうかという点にあります。

たとえば、特に用事がない時に、一日中何もせずにリラックスした状態で、眠らないようにしながら、自分にとってプラスになることを考え続けてみてください。自分が抱えている問題が解消することでも、病気が治ることでもいいですし、同僚から評価されることでも、大切な相手から愛されているということでもいいでしょう。それを、単なる空想ではなく、なるべく現実的に実感を伴って考えるようにするのです。空想的になりやすいので、その場合には早く戻す努力をします。

試してみればすぐにわかりますが、最初のうちはできても、しばらくすると不安がよぎるようになり、次第に悪い記憶や予測が意識に浮かび上がり、しまいには、意識が暗雲に覆われてしまうことが多いはずです。それと並行して、頭痛や腹痛や便意が襲ってきたり、いつのまにか眠り込んでしまったりすることも少なくありません（信じがたいことかもしれませんが、18ページで述べた「反応」というものは、このような場合にも簡単に出るのです）。

単なる空想であれば、しばらくは続けられるでしょうが、それでも長くはもちません。いわゆる楽観的な人であっても、現実的に前向きの方向に考え続けるのは非常に難しいのです。ところが、悪いことであれば、いつまでも考え続けることができますし、その時に「反応」が出ることもありません。この大きな違いの原因は、どこにあるのでしょうか。

いずれにせよ、**人間は一般に、悪いことを考えるのは簡単であるのに対して、自分にとってプラスになることを実感を伴って考えるのは、なぜか非常に難しいことがわかります**。以上のことからわかるように、通常の「プラス思考」という方法では、自分を変える力にならないということです。

「自分がしたいこと」を実現するのは、とてつもなく難しい

では、ただ考えるのではなく、自分が本当にしたいと思っていることを実行しようとする場合はどうなのでしょうか。

たとえば、いつか時間を見つけて、〝自分史〟を書きたいと思っている人がいるとします。平日は時間がないので、休日に書こうとするのですが、いざ休日になると、朝から体が重かったりして、起き上がることができません。あるいは、またいつのまにか眠り込んでしまい、気がつくと夕方になっています。ところが、休日に別の用事がある時には、そのために外出したり、てきぱき片づけたりすることが難なくでき、疲れることもなければ、反応が出ることもないのです。

仮に早く起きることができたとしても、何かの理由をつけて、その課題にとり組むのを先延ばししてしまったり、どうでもよい別の用事を思いつき、それに熱中してしまったりして、課題に着手するところにまでどうしてもたどりつきません。人によっては、

平日には自分史を書こうと思っていることを覚えているのに、休日になるとすっかり忘れてしまいます。意識が、何ものかに完璧《かんぺき》にコントロールされているかのようです。

このようにして、いつのまにか時間が過ぎていきます。そして、定年後には毎日が休日になるわけですが、それでもできません。むしろ、時間がある分だけ、かえって難しくなってしまうのです。

課題の実行は、このように締切りがあってすら難しいのです。そのため、締切りがないと格段に難しくなります。しかし、考えてみれば、これほど奇妙なことはありません。他人から見ると、いくらでも時間があるのに、しかも自分でやりたいと思っていることなのに、どうしてそれができないのかと、ふしぎな感じを受けるでしょう。ところが、本人からすれば、それが絶望的にできないのです。

以上のことからわかるように、人間にとっていちばん難しいのは、次の3条件がそろった時です。

①自分が本当にしたいことを

② それに充《あ》てられる時間が十分ある時に
③ 自発的にすること

「自分が本当にしたいこと」とは、もちろん、自分を楽しませる程度の趣味的なことではありません。小さなことであっても、自分を真に喜ばせ、自分の進歩につながる行動のことです（この楽しみと喜びの違いについては、後ほど説明します）。

それにしても、この3条件なら、一見するといちばん簡単そうです。自分がしたいことを、時間の余裕がある時に、自分から進んでするだけのことですから、難しいはずはありません。

ところが、実際には、**人間の行動の中で、おそらくこれが最も難しいのです。**

このことから、人間は、自分が向かいたい方向や自発性ということに対して、非常に強い抵抗を働かせるらしいことが推測できるでしょう。

この3条件がそろった時にいちばん抵抗が強くなることは、誰であれ、実際に試してみればすぐにわかります。場合によっては、先ほどの作家のように、それを考えただけでも、心と体が、強い力を発揮してじゃまするのです。頭痛や吐き気が起こったり、何を考えたのかを一瞬のうちに忘れてしまったりするわけです。そのようにして、せっかくのその時間をむだにしたり、楽しみに充ててしまったりすることになるわけです。これを、キリスト教などでは、悪魔（サタン）の誘惑に負けたと表現するようです。

ところで、「世をすね、人をすね」といわれるタイプの人もいます。このような人たちは、おいしいものを食べたり、旅行に行ったり、ゲームをしたりという、世間一般の楽しみに対してすら抵抗をもっていて、そのような行動に際して、反応を起こすこともあります。旅行に行こうとすると、楽しみにしていたのに、いつも喘息《ぜんそく》発作を起こしたり、発熱したりする人たちがいるのは、ひとつには、そのような理由のためでしょう。この人たちの場合、自分が本当にしたいことに対する抵抗は、さらに強くなります。

そのような抵抗の結果、まず、肝心な仕事がはかどりません。特に専門職の場合は、それに加えて、自分のしている仕事が、本当は自分には向いていないのではないかなどと深刻に悩むことにもなりますし、いわゆる自己実現の機会を自分から捨て去ることにもなります。これでは、人生のむだ遣いになりかねません。しかも、このような抵抗は、悪いことに、前向きに生きようとすればするほど強くなるものなのです。

専門家はこのような現象をどう見るか

ところが、これもふしぎなことなのですが、一般の人たちはもとより、専門家も、これらの問題行動を重大事とはとらえていないのです。それは、ある意味でしかたがないことなのかもしれません。専門家は、それを症状として訴えるクライアントが眼の前に現われない限りわかりませんし、そのようなクライアントが来たとしても、それが異常と診断されない限り、治療の対象にすることはないからです。

とはいえ、昨今では、アメリカ精神医学協会が策定した診断基準（DSM）が、なぜか世界中で採用されているため、ADHD（注意欠陥多動性障害）や人格障害といった診断名が使われるようになっています。そのため、その状態を自ら問題視して治療施設を訪れる人たちもいるようです。では、たとえば遅刻の常習者が、その治療を求めて病院やクリニックを受診したとすると、どういうことになるのでしょうか。

精神科や心療内科では、薬物治療以外に実効性のある治療法はないとされています。最近では、世間の要請もあって、カウンセリングや心理療法の専門家を置いているところも少なくありませんが、それは薬物療法の補助的なものと位置づけられているようなのです。

つまり、遅刻の常習者をＡＤＨＤと診断したとしても、現在のところは第一に向精神薬によって治療することになるわけです。しかし、薬物治療で遅刻が治せると考える専門家は、さすがにいないでしょう。

では、カウンセリングや心理療法はどうなのでしょうか。その場合でも、実効性のある治療法は現実にはほとんど存在しません。甘えているとか、意志が弱いとか、現実逃避しているとかの判断のもとに、それらしき対応をするのが関の山でしょう。

たとえば、「怠け癖」は自分で治すものだと言って片づけようとする治療者がいるとします。では、その治療者自身は、それができているのでしょうか。精神科医や心療内科医も、カウンセラーや心理療法家も、日常生活では世間一般の人たちと同じ問題を同じように抱えています。

治療者は、その問題を自力で解決できない限り、そのような発言や対応をすべきではありません。いやしくも専門家を自任するのであれば、治療を求めて来た人たちが抱える問題と真剣に向き合い、あくまで謙虚な態度で、その解決に向けた努力を続けるべきなのではないでしょうか。

世に蔓延《まんえん》する「幸福を怖がる症候群」

最近は、ブログやフェイスブックなどのサービスを通じて、これまで個々の人たちが別々に悩んでいた事柄のいくつかが、実は多くの人たちに共通した問題であることがわかるようになりました。かつて雑誌に取りあげられて有名になった、〝青木まりこ現象〟という俗称で表現される「書店に入ると便意を催す」という現象もそのひとつです。

そのほかにも、SNSを通じていろいろな現象が知られてきています。たとえば、ほしいものを買ってはいけないとか、自分の好きなものをはっきり言うことは、あるいは自分が食べたいと思っているものを食べることはよくないとか、自分が幸福になる資格はないなどと思っている人たちは、けっして少なくありません。このような人たちは自分が幸福な状態になることを、あからさまに嫌っているということです。

そのような現象をとらえて、「幼少期のトラウマの結果だ」と断定する専門家もいます。ところが実際には、そのことが証明されているわけではないので、そのように断定することは、そもそも科学的な態度ではありません。また、そうした〝診断〟を下したとしても、単なる推断に過ぎず、何の解決にもなりません。

ところで、うつ病の場合には、本来は幸福を感じるはずの状況に置かれている時に起こりやすいことが、昔から知られていました。

そのため、うつ病や同系の疾患では、発病状況が診断名に付属しているものがいくつかあります。**引っ越しうつ病**、**昇進うつ病**、**マリッジ・ブルー**、**マタニティー・ブルー**などです。引っ越しうつ病は、実際には単なる引っ越しではなく、新築した自宅に入居する時に起こりやすいので、本来は新築うつ病とでも言うべきなのでしょう。

こうみると、いずれも幸福なはずの状態で発症しているらしいことがわかるでしょう。

ところが、当人は、もっともらしい理屈をつけて、それが自分にとってストレスであるかのように思い込んでしまうのです。

まことに情けないことに、専門家もそれにならいます。たとえば、結婚に関連して起こるマリッジ・ブルーの場合、そのほとんどは女性なのですが、「人生で重大な局面を決定してしまった自分への不安」や「来たるべき不自由な生活への不安」といったストレスがその原因だと主張する専門家もいます。こうした推測が正しければ、恋愛結婚よりも、あまり知らない相手と結婚する見合い結婚のほうが、マリッジ・ブルーに陥る可能性が高そうです。ところが実際には、恋愛結婚の場合のほうがはるかに発症しやすいのです。

あるいは、内縁関係のふたりが、妻の要望に従って婚姻届を出したとたんに、妻が心身症を発症してしまった例もありますし、逆に、結婚して子どもがいる夫婦が、そのままではふたりとも心身症状が続くため、意を決して、生活はそのままで離婚届だけを出したところ、それまでの症状が治まったという話もあります（ある作家夫婦が、その顚末《てんまつ》を自著に書いています）。

洋服にしても電子機器にしても、自分がほしいと思っていたものをようやく購入しても、しまい込んでしまって使わなかったり、何かの理由をつけて、リサイクル・ショップに出してしまったりする人たちもいます。実際に、200万円で買った高級な着物を、はっきりした理由もないのに、まもなく2万円で売り払ったという女性から、直接に話を聞いたこともあります。また、信じがたいことではありますが、ようやく買った高額の洋服なのに、一度も袖《そで》を通さないまま、破って捨ててしまったという人もいます。

このように、さまざまなパターンはありますが、自分にとって喜びとなるはずの状況を、どこまで意識的かはともかく、極度に避けようとする人は、かなりの数にのぼるでしょう。

口では、「幸せになりたい」と言う人が圧倒的に多いはずなのに、実際にはそれとは正反対の行動をとってしまうのです。これは、いったいどういうことなのでしょうか。

幸福をじゃますする「楽しさ」という名の悪魔

では、「幸せになりたい」という時の「幸福」とは、いったいどのような状態なのでしょうか。これを考える時、喜び（幸福感）と楽しさ（快楽）の区別は非常に重要です。

このこと自体に注目する専門家はほとんどいませんが、実は、誰でも意識下ではこの区別をいつも明確に行なっています。手短に説明すれば、自分の成長につながることに伴う感情が喜びであり、その場だけの刹那的《せつなてき》な快楽に伴う感情が楽しさです（ちなみに、英語では、喜びはhappinessに、楽しみはpleasureに当たります）。

わかりやすい例をあげれば、自分が本当にしたいと思っていることをする時に出る感情が喜びであり、それから逃げて時間つぶしをする時の感情が楽しさです。喜びにつながる行動には抵抗がありますが、楽しいことには、原則として抵抗はありません。つまり、ほとんどは、喜びを避けて楽しみに逃げてしまうということです。それは、無意識的にではありますが、この区別が明確にできていなければ不可能なことです。

このふたつの感情の違いについて、フランスの哲学者、アンリ・ベルクソンは、今から一〇〇年以上も昔の一九一一年に行なった講演の中で、次のように明快に説明しています。少々長いですが、重要な発言なので、注意して読んでください。

「自然の摂理は、私たちの目標が達成されたことを、はっきりとした目印を通じて私たちに教えてくれます。その目印は喜びです。私が言っているのは喜びであって、快感ではありません。快感は、生物がその生命を維持する目的で、自然の摂理によって編み出された工夫にすぎません。生命が向かうべき方向を知らせてくれる目印ではないのです。しかし、喜びは、生命が目指す目標を達成したこと、進歩を遂げたこと、障害を乗り越えたことを、いつも告げてくれます。大きな喜びは全《すべ》て、成功したという実感を伴っています。

そこで、このような目印に着目し、新たな眼で事実を見ていくと、喜びがあるところには、どこであれ、創造のあることがわかります。その創造が豊かであればあるほど、喜びも深いものになります。〔中略〕

しかしながら、時代を超えて残る業績をあげたと確信している人は、それも絶対的な確信を抱いている人は、他者からの賞賛に関心をもつこともなく、栄光以上のものを味わっているのです。それは、その人が創造者だからであり、そのことを承知しているからであり、その人が感ずる喜びは、神の喜びであるからです。ですから、あらゆる領域で、生命の目標が創造によって達成されるとするならば、芸術家や哲学者の目標とは違って、全ての人間が追究できる人生の目標は、創造にこそある――自己によって自己を、小さなものから大きなものを、何もないところから大切なものを引き出し、世界が内包する豊かさを、何であれ絶えず拡大しようとする努力を通じて、人格を成長させることにこそある――と考えざるをえないのではないでしょうか」(Bergson, 1920, pp. 29-31)

ベルクソンは、喜び(幸福感)と楽しさ(快感)は、根本から異なる感情だと言っています。自分の目標を達成した時や何らかの創造をした時、人格の成長が実感された時などの、生命が向かうべき方向を知らせてくれる感情が喜びであるのに対して、一時の快感が楽しさだということです。

ただし、ここでいうところの快感は、生命の維持に必要な行為に伴うもので、ゲームなどの際に味わう楽しさについて言っているわけではありません。ですから、単なる遊びは、さらに順位が低いことになります。

したがって、**自分の幸福を避けたり否定したりするということは、自分の能力の発揮や人格の成長を嫌うということであり、生命が向かう方向に逆行しているということになるでしょう。本当の幸福へ向かう道を、心の中の悪魔が明確に判断し、快楽や楽しみという形で阻止するのです。**

アンリ・ベルクソン

今から二〇〇〇年も前に、イエス・キリストが、「狭い門から入りなさい。滅びに通じる門は広く、その道も広々として、そこから入る者が多い。しかし、命に通じる門はなんと狭く、その道も細いことか。それを見いだす者は少ない」（「マタイによる福音書、第7章13—14節）と明言しています。逃げ込みやすい快楽の門ではなく、抵抗の強い幸福の門に入ること。これは、キリスト教の信仰を超えた、人間全員に通じる真理でしょう。

"幸福否定"という驚くべき心のしくみ

ここまで、多くの人の場合、自分が本当にしたいことをするのが難しいことや、その結果として、幸福を遠ざける行動を起こしやすいことを教えてくれる実例をいくつか見てきました。ここで、これらの日常的な出来事から、どのようなことが言えるかを整理しておくと、次のようになります。

① 自分が幸福に向かう時に、あるいはすでに幸福が訪れている時に
② その喜びを意識にのぼらせまいとする強い力が働く
③ その時に、心身症と言われる疾患に見られる症状が一時的に出現する

私は、心理療法ばかりを既に四〇年以上も続けて来たわけですが、今から三〇年以上前に、自分なりの経験を通じて得られた客観的な証拠に基づいて、従来のものとは正反対の原因を考えるようになりました。つまり「幸福の否定」こそが人間の心身に不調をもたらす原因だということです。ここに至るまでの経緯については、最後の第5章で詳述しますが、ここでは、必要最小限の説明をすることにします。

人間は、育てられかたとは無関係に、なぜか生まれながらにして、私が幸福否定と呼ぶ、このうえなく強い意志を無意識的にもっています。この強さは、悪魔サタンが心の底に潜んでいるのではないかと思えるほど頑強きわまりないものです。詳しくは次章で説明しますが、その幸福否定の心の層の下に、私が「**本心**」**と呼ぶ層**があります。そこには、このうえなくすぐれた能力や、強い自信や、高潔な人格が隠されているように思います。「**内心**」**と呼ぶ心の層**は、その本心が意識に表出するのを阻止する役割をもっています。

これは、精神分析を含め、従来の無意識理論とは根本から異なる考えかたです。もちろん、人間の心が本当にそのような構造になっているかどうかについては、客観的に検証できるわけではないので、実際のところはわかりません。ただ、そのように考えると、さまざまな観察事実が理解しやすくなるのは確かです。

人間は、何らかの出来事や状況に直面した時、それが幸福感を呼び覚ますものかどうかを、つまりは、それが自分の進歩につながることかどうかを、心の奥底で一瞬のうちに正確に判断します。そして、それが幸福感を呼び覚ますものであれば、その瞬間にその幸福を避けようとする態勢に入ります。

その時、「内心」は次のふたつの戦略を同時並行的に使います。

ひとつは、いわば幸福に水を差す形で、心身の症状を瞬時に作りあげたり、行動の異常を起こしたりすることです。もうひとつは、幸福感を呼び覚ます出来事や状況の記憶を、意識から一瞬のうちに消し去るという操作をすることです。そうすると、意識の側から見れば、何が起こったのかわからないまま、自分が急にうつ状態になったり、頭痛や胃痛などの自覚的な身体症状が出たり、喘息発作や蕁麻疹《じんましん》などの他覚的な身体症状が出たり、場合によっては、リストカットなどの自傷行為を起こしたりするわけです。

その結果、意識では、自分が幸福に向かっていた、あるいは幸福の状態にあるという事実が全くわからなくなります。それどころか、実際には、不幸のどん底に陥ったような感じにすらなるのです。その時、もし多少の心理的余裕があれば、過去に遡《さかのぼ》って、その〝原因〟となる「悪い出来事」を探し始めるでしょう。

このような説明を聞くと、納得する人はほとんどいません。人間が、その程度のことでそこまでのことをするはずがないし、そんなことができるわけもない、という反論が返ってくるのがせいぜいのところでしょう。

さらにこの考えかたをとると、問題になることがもうひとつあります。それは、ストレスを原因と考えた場合には、症状が出るしくみを考えずにすむのに対して、幸福否定という考えかたでは、自分の無意識が、一瞬のうちに心身を自在に操作して症状を作りあげることになるので、そのしくみについても考えなければならなくなることです。そのため、ストレス理論よりもはるかに考えにくく、したがって、非常に受け入れられにくい理論であるのはまちがいありません。

比喩的《ひゆてき》に言えば、ストレスという説明には、竹に雪が降り積もるように、徐々にたわんだ竹がどこかの時点で突然のように折れるのと同じで、どの時点で症状が出るのかがはっきりしていないという問題があります。ところが、そこに、折れやすさに相当する個人差を示す〝ストレス脆弱性《ぜいじゃくせい》〟という、いかにももっともらしい概念をもち出せば、それだけで誰もが納得してしまうのです。

それに対して、無意識の意志が症状を一瞬のうちに作り出すということになると、その説明は簡単にはできません。しかも、症状を、必要に応じて一瞬のうちに引っ込めるしくみも考えなければならないわけです。ここでは、ひとまず「**心の力が心身を自在に操作する**」とだけ言っておきます。

内心が、このようなことまでして記憶や心身の操作をするとすれば、それはなぜなのでしょうか。それは、幸福感を呼び覚ます出来事や状況に直面した時、その記憶を消すとともに、症状を出したり引っ込めたりすることで、意識をコントロールしているということなのでしょう。少なくとも、そう考えると理解しやすいのは確かです。

したがって、**意識は完全に蚊帳《かや》の外に置かれていますから、本人がそのしくみに気づくことは、絶対と言ってよいほどありません。**

人間は「幸福感」を巧妙かつ確実に遠ざける

では、内心がそうまでして記憶や心身を操って意識をコントロールしなければならないのか、その理由の一端を、具体例を通して考えてみましょう。

ある女性は、結婚数年後から、夫が帰宅する足音を聞くだけで、強い偏頭痛を起こすようになりました。そして、夫が自分の近くに来ると、痛みはさらに強くなります。ところが、夫の姿が目の前から消えると、その瞬間に偏頭痛も消えるのです。

このような事例は、出現する症状の内容を別にすれば、珍しいどころか、ごくふつうに見られるものです。時には、単なる自覚症状ではなく、下痢や蕁麻疹《じんましん》などの身体症状が起こることもあります。

その経過は、本人の意識では、ふつうは次のように感じられます。

（A）結婚数年後から、倦怠期《けんたいき》に入ったせいか、夫に対する愛情が徐々に冷めてきた。夫と一緒にいることが苦痛になり、夫が帰宅する足音が聞こえるだけでストレスを強く感じ、そのために強い偏頭痛が起こるようになった。夫が目の前にいると、その苦痛が増し、それに伴って頭痛も強くなる。しかし、夫の姿が見えなくなると、ホッとしてストレスが消える。その結果として、頭痛も消えてしまう。それは、やはり自分が夫を嫌っているからなのだろう。

この説明は、誰にとっても非常にわかりやすい、まさに常識に沿った考えかたです。この考えかたは、世間一般に受け入れられているだけでなく、専門家の間でも完全に共有されています。

この見かたには、異論を差し挟む余地がないように見えます。実際に、この考えかたを大前提として、心理療法やカウンセリングの理論や技法が作りあげられてきたわけです。私の知る限り、それには例外がほとんどありません。

ところが、幸福否定という考えかたからすると、この経過は、次のような、全く違うものになってしまうのです。

（B）この女性は、その症状が最初に出現する直前に起こった出来事──たとえば、夫や自分が、相手に対して初めてとった、自己主張や口論などの、ふたりの心理的距離が近づいたことを実感させる行動──を通じて、夫から自分に対する愛情を、ある程度は意識でもわかるほど感じるようになっていた。そこに、夫の愛情がさらにはっきりとわかる何らかの出来事が起こった。そのため、まず、その出来事の記憶を意識から消し去った。それとともに、幸福心が意識にのぼらないようにするため、「夫が嫌い」というそれまでの思い込みをさらに強めた。そして、その思い込みが正しいことを、自分の意識に言い聞かせる手段として、夫の足音が聞こえた瞬間に、自分が夫を不快に感じていることの証拠になりそうな症状（この場合は偏頭痛）を作りあげるという戦略を、夫が目の前に現われるたびに使うようになった。この過程は一瞬のうちに、しかも自動的に起こる。

その一方で、夫の姿が自分の眼の前から消えると、その瞬間に、夫の存在が自分にとって苦痛であることを、自分の意識に対してさらにきわ立たせるために、ホッとした気持ちを作りあげる。それと並行して、夫がいると不快であることを自分の意識に見せるために作った偏頭痛という症状を消す。

（A）は、意識の側から見た経過でしたが、（B）は、いわゆる無意識の側から見た経過です。**こうした操作を、内心が巧妙かつ確実に行なうことで、幸福感が自分の意識にのぼらないように、厳密な監視体制を敷き、強い力で意識をコントロールしているわけです。**つまり、内心が症状を使って、意識という観客に「自分は幸せではない」と見せる芝居を打っているということです。

かくして、意識の上では、自分に愛情を注いでくれる夫と一緒にいることとの幸福感が完全に包み隠され、それとは正反対の感情が主導権を握ります。そして、場合によっては、別居や離婚に至るなど、自分の行動を、夫から遠ざかる、つまりは幸福から遠ざかる方向へと向かわせるのです。これは、心理的な完全犯罪と言っても、あながちまちがいではないでしょう。

以上の経過は、従来の常識から考えれば、およそ根も葉もない妄想のように感じられるでしょう。しかし、これは根拠を欠いた単なる推定ではありません。これまで私が見てきたさまざまな実例で観察された、反応という客観的指標を通じて、私は本当にこの通りのことが起こっていることを確信するようになり、その結果として「幸福否定」という理論が自然に生まれるに至ったのです。

現代の定説「ストレス理論」は万能か

このような現象の少なくとも一端については、経験的には多くの人が承知しているはずです。にもかかわらず、現在の心理学や精神病理学の知識では、その現象を的確に説明することはできません。

現在の人間観もそうですが、心因性疾患の理論も例外なく、ストレスなどの、外部から来る何らかの負荷が人間の心身を不調にすると考えます。これは常識的には非常にわかりやすいので、誰もが納得してしまいます。

実際には、心因性のものとされる症状が出た時に、過去に遡って、本人の負担となったはずの出来事や状況を探し出し、それらしきものが見つかれば、それが原因に違いないと即断しているだけなので、それが本当の原因である保証など全くありません。素人と同レベルのことを、専門家がしているということです。

一般常識という強力な援軍を得ていることもあって、しばらく前から世界の定説になってしまっているストレス理論やPTSD理論では、心身症状の原因は外部にあり、それによって機械的に症状が出現すると考えるわけです。

したがって、心因性のものとされる症状については、心の専門家は、トランプで万能のジョーカーを出す時のように、すべてをストレスが原因だとして、あるいはそれがPTSDという形で時間を置いて出現したとして、すべてを一律に説明してすませてしまいます。はたして、この万能に見えるストレス理論は、実際には科学的根拠に基づいて構築されたものなのでしょうか（この問題に関心のある方は、拙著『加害者と被害者の〝トラウマ〟――PTSD理論は正しいか』〔国書刊行会刊〕を参照してください）。

ところで、現代は、依然として国家間の格差は大きいものの、昔と比べると、世界全体が経済的にとても豊かになっています。ご存じのように、超大国といわれるアメリカですら、一九二〇年代の末から三〇年代の初頭にかけて、最大級の不況に見舞われ、たくさんの人々が貧困状態に陥ったこともありました。

それに対して、現在のわが国では、連続テレビ小説の「おしん」の時代のような過酷な労働もなければ、大飢饉《だいききん》時代の飢えもありません。また、大空襲の恐怖のようなものもないことは、言うまでもないでしょう。

かつては自己実現どころではなく、ただ生きるために働き続けるだけの生活でした。それに、電化製品などはひとつもなく、炊事や洗濯も含め、家事はすべてが手作業だったため、母親は息をつく暇もありませんでした。そのうえ、どの家庭も子どもが多かったので、父親は、一家を養って行くのも大変だったはずです。

加えて、子どもの多くが感染病などで次々に死んで行くという、悲劇的な出来事もたくさんありました。成人すればしたで、徴兵されて戦地に送り込まれ、前途のある息子たちが戦死の憂き目に遭うようなことも、少なからずあったのです。しかも、その過半数は、戦闘による死ではなく、餓死か病死でした。

私の親の世代は、「今は毎日が盆と正月」という言いかたをよくしました。おしんの子ども時代は明治期ですが、昭和の初期までの庶民はその頃とほとんど同じで、お盆と正月しか、ゆっくり休める機会がなかったからです。現在の生活に慣れた人間では、とうてい暮らすことができないほど過酷な状況だったはずです。

つまり、**身体的にも心理的にも、ストレスは、昔のほうがはるかに大きかったはずなのです。**

では、ストレスが多かったはずのその時代には、心因性疾患が今よりも多かったのかと言えば、おそらくそうではないでしょう。生活に追われている庶民には、そのような不調を生み出す余裕すらなかったと言ったほうが、現実に近いのではないでしょうか。

しかし、このようなとらえかたは、なぜか一般的ではなく、「刺激やストレスが充満した現代社会」という正反対の考えかたが定着してしまっています。これは、**ストレスが心因性疾患の原因だという結論が先にあり、その結論をむりやり通すために、現代のほうがストレスが大きいことにした、ということなのではないかと思います。**その結果、かつてのほうがストレスが圧倒的に大きかったという事実が、必然的に無視されるということなのでしょう。

そのため、現代では、結婚や出産や育児という、生物としてごくふつうのことも、学校や職場の勉強や仕事も、〝複雑な現代社会の対人関係〟も、すべてが大きなストレスということになるわけです。

ストレス理論や、ストレスが後年になって心身に影響を及ぼすと考えるPTSD理論では、人間をストレスに弱い、環境にふり回される一方の、受け身的な存在と考えます。それに対して、私が唱えている幸福否定理論は、それとは正反対の位置づけにあります。つまり、人間を、**強靭《きょうじん》な意志と高度な能力とを併せもち、環境をむしろ巧みに利用して生きる、きわめて自発的な存在**と考えるのです。

ここまで読み進んでこられた方にはおわかりいただけるでしょうが、幸福否定理論では、意識や無意識に対する見かたも、これまでの科学理論とは相容れないものになります。それればかりか人間観も、次に述べる、心を脳の機能として説明するさまざまな理論はもちろんのこと、ストレス理論やPTSD理論とも根本から異なるのです。

歴史的に繰り返される脳神話

かつては、心理的な症状までをも、脳の異常によってすべて説明しようとする試みが真剣に行なわれていました。たとえば、ヒステリーの研究者としてわが国でも有名な、19世紀フランスの神経科医、ジャン・マルタン・シャルコーは、ヒステリー患者の脳に病変が見つからないのをふしぎがっていたそうです（三浦、一九九六年、一〇五ページ）。ちなみに、シャルコーは、無意識という概念を広めたことで知られるフロイトや、わが国の神経学の始祖とされる三浦謹之助の恩師でもあります。

現代は、そこまで極端ではないにしても、人間の行動を、脳の機能や異常に基づいて断定的に説明する専門家が増えてきました。これは、しばらく前から目立つようになった現象で、昨今の流行ということなのでしょう。

西洋でも、19世紀末からこのような流行が何度かあったようなので、脳の機能ですべてを説明しようとする動きは、今回が初めてではありません。最近は科学技術の発達により、脳内の活動が画像や映像として撮影されるようになったことに加えて、脳内で分泌される微量の化学物質の測定もできるようになりました。そのおかげで、これまで考えられなかったデータが得られるようになったことはまちがいありません。

しかしながら、心が脳の活動によって生まれた現象であることを裏づける証拠は、現在に至るまで得られているわけではないのです。

実際に、ある脳研究者は、「脳の働きに関するネットのしくみはほとんどできあがっている」にもかかわらず、「そこからは『こころ』が出てきません。精神活動というものの、創造性というものがどうしても出てこない。〔中略〕決定論的に働くサーキット〔回路〕からは決定論的なものしか出てこない」と明言しています〔中田、二〇〇一年、一二ページ〕。これは、科学者として誠実な発言と言わなければなりません。

このことからもわかるように、脳の特定の部位の活動によって、特定の心理的状況が起こるという定説は、いまだに証明されていないのです。脳内の活動をモニターできる技術がいくら進歩したとしても、脳の研究によって、人間の心の働きや動きがすべて解明されることはないのではないでしょうか。

それに対して、最近では、神経学者を中心とする一部の科学者の間で、心の力による脳の可塑性《かそせい》が認められるようになりました。つまり、明確な意志や集中という心の働きによって、脳の特定の部分が大きくなるなどの変化を起こすことが、客観的に確認されるようになったのです。そのことを裏づける実証的研究は、既に少なからず出てきているようです（たとえば、シュウォーツ、二〇〇四年参照）。また、脳波のバイオフィードバックによって、脳の白質と灰白質に変化が起こったという報告（Ghaziri *et al.*, 2013）もあります。さらには、文化圏によって脳の使いかたが異なることを示す研究もあるのです（たとえば、Kitayama & Park, 2010）。

それどころか、**ノーベル生理学・医学賞の受賞者でもある、オーストラリアの大脳生理学者、ジョン・C・エックルスは、一九五三年に出版した自著の中で、人間の意志が、物質たる自らの脳を操っているという仮説を唱えています**（Eccles, 1953, p. 285）し、アメリカの著名な脳外科医、ワイルダー・ペンフィールドも、やはり同じような見解を述べたことで知られています（ペンフィールド、一九七七年）。

このような方向から考えても、心の専門家は、脳の研究に惑わされることなく、心の動きそのものをていねいに探っていかなければならないことがわかります。言葉で言うほど簡単ではないにしても、従来の学説から離れ、科学的態度を厳守しながら、観察や実験で得られたデータから自然に導かれる結論を尊重すべく絶えず努力する必要があるのです。

「いちばんの幸福」は常に隠される

本章では、幸福否定と呼ぶ心の動きが、おそらく人間全員に、しかも生まれながらにあるらしいことを説明してきました。繰り返しになりますが、これは、自らの向上に結びつくはずの喜びを否定しようとする、このうえなく強い意志のことです。

言うまでもないでしょうが、幸福否定といっても、すべての幸福感を否定するわけではありません。ふつうは自分にとって大きな幸福だけが内心によって否定されるのです。

いわば2番目以下のうれしさは否定されないため、それぞれのうれしさがひとつずつ繰り上がり、本来は2番目に位置づけられるはずのうれしさが、意識の上では、本人にとって最大のうれしさのように感じられるわけです。

ですから、ほとんどの人は、喜怒哀楽を比較的ふつうに示しますし、楽しみを否定することも、まずありません。そのため、おいしいものを食べたり、旅行に出かけたりする時には素直に喜びますし、生活に潤いを与えてくれる趣味も、いくつかはもっているはずです。しかし、否定された大きな幸福は、心の奥底に隠されたままで、意識の上に表出することはありません。よほどの努力をしない限り、真の幸福は、意識の表舞台に立てないまま生涯を終えることになるわけです。

ただし、「幸福否定」という考えかたについてどれほど説明を尽くしたとしても、この考えかたが非常に受け入れられにくいものであることは、長年の経験からはっきりしています。これは、現在の心理学や精神病理学の常識に根本から反しており、そこに含まれる概念は、一般の心理療法やカウンセリングの理論には全く見られないものばかりです。その点からしても、非常に理解しにくいでしょうし、したがって理論としても簡単には受け入れられないはずです。

しかしながら、受け入れられない理由は、それだけではありません。次章で詳しく説明しますが、これまでほとんど知られていなかった「抵抗」という心の動きが万人にあるために、この考えかたを理解するのが非常に難しくなるのです。あるいは、観念的には理解できても、感情的には受け入れにくいはずです。「そんなばかなことがあるはずはない」として真剣に受け止めず、後ほど説明する方法を実際に試してみようとしないまま全否定してしまうのです。

このような事情から、多くの方にとって、本書を読み進むのには大変な苦痛を伴うでしょうし、最後まで読み終わったとしても、ほとんどの内容を忘れてしまい、読まなかったも同然の状態になってしまうかもしれません。

常識に照らして考えれば、幸福否定という考えかたは、このうえなく奇妙な人間観であり、壮大な妄想体系のようにも感じられるでしょう。宗教的な物語として語られるのなら、まだ受け入れられるかもしれません。しかし、科学的な理論として語られるとなると、全く事情が違ってきます。この考えかたは、ほとんどの人に強い違和感や嫌悪感を引き起こすことになる可能性が高いわけです。

とはいえ、何度も繰り返しますが、この幸福否定理論は、長年にわたる心理療法の中で日常的に観察されてきた、反応という客観的指標に基づいて構築されたものなので、人間である限り、おそらく民族や時代を超えて誰にでも当てはまるはずのものなのです。もし、幸福否定というしくみがすべての人間に内在しているとしたら、従来の人間観が根底からくつがえることを含めて、どれほど大変なことになるかを考えてみてください。そうすれば、簡単に無視できないものであることがわかるでしょう。そして、それを公平な立場から厳密に検証しようとするのが、科学的態度というものなのです。否定するのであれば、従来の理論によってではなく、事実によってでなければなりません。

本書では、心の専門家が、これまでとりあげることのなかったこれらの問題を、限られた紙幅の中ではありますが、できる限り詳しく説明して行きたいと思います。

次の第2章では、**幸福否定のしくみ**を、第3章では、**幸福否定という考えかたを使うと、さまざまな異常行動や心因性症状がどのように説明できるのか**を見ていきます。

第4章では、このうえなく頑強な幸福否定の意志を弱めるための、〝**感情の演技**〟**と**

いう方法を説明します。これは、きわめて単純なものではありますが、非常に強力な方法で、私の心理療法の中心を占める治療法です。最後の第5章では、私がこの理論をどのような根拠に基づいて、どのような経緯で組み上げてきたかを手短に紹介したうえで、**このような心のしくみが人間全体に潜在していること**について説明します。

第2章

本当の幸福を否定する心のしくみ

心の3層構造

幸福否定のしくみがどのようになっているのかを詳しく解説する前に、私が考える**人間の心の3層構造**について簡単に説明しておきます。先述のように、人間の心が、実際にどのような構造になっているのかはわかりませんが、このように、心を3層に分けて考えると、いろいろな問題が理解しやすくなるのはまちがいありません。

左図と対照させながら、以下の説明をお読みください。心の3層のうち、私たちに一番なじみの深いのが、一番上の**意識**です。人間が、自分の心としてはっきり自覚できるのはこの部分だけですから、説明するまでもないでしょう。

意識のすぐ下に**無意識**と呼ばれる層があります。ほとんどの人がそうでしょうが、無意識という言葉を聞くと、フロイトの精神分析を通じて世に広まった考えかたを思い起こします。不快な出来事の記憶や負の感情を、いわば押し込めておくとされる心の層です。そのため、「無意識」という言葉には、時おり日常生活に悪影響を及ぼす、暗くて

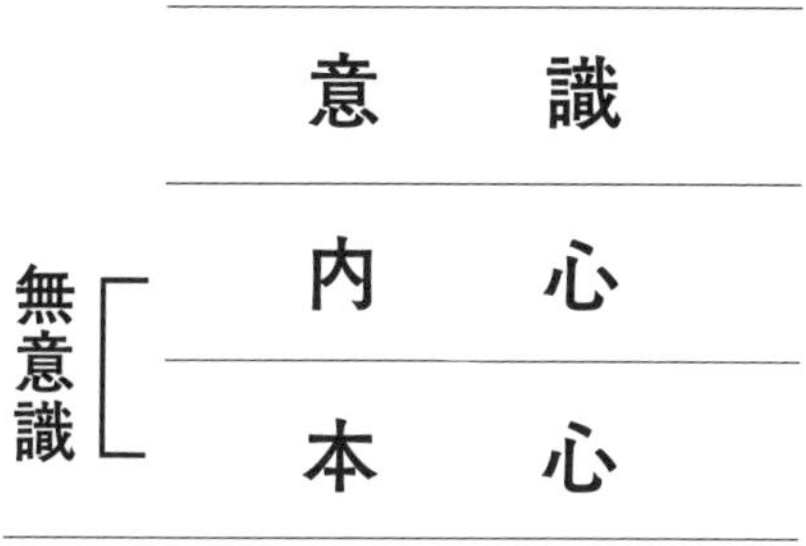

本心は、本人の本質が内包されている層であるのに対して、内心は本心の否定であり、意識は、内心も本心も包み隠す形になっています。

不気味な〝悪の温床〟という印象があります。

後ほど詳しく説明しますが、実際には、不快な出来事の記憶を意識から消し去るのが非常に難しいことは、誰でもよく知っています。これは、精神分析という考えかたの根本的欠陥でもあるのですが、このことは、実はフロイト自身も、『日常生活の精神病理学』という著書の中ではっきりと認めています。

それに対して、私の考える無意識は、自分で気づくことがないという点では同じでも、従来のものとは正反対なほど違っています。この無意識は、ふたつの層に分かれていて、意識のすぐ下にあるのが〝**内心**〟であり、さらにその下にあるのが〝**本心**〟です。**本心には、素直な感**

情ばかりでなく、万能ともいうべき能力や高邁《こうまい》な人格が潜んでいると私は考えています。

これは、単なる推測ではありません。実際の心理療法の中で、前章で説明した心理的抵抗が減少していくとともに、本心に由来するとしか考えられない、すぐれた能力に加え確固たる自信や素直な感情が、さらには高潔な人格までもが、そのごく一端ではあっても例外なく表出することが確認されているからです。とはいえ、わずかずつしか出て来ませんし、時間もかなりかかります。例外がないのは確かであるとしても、ことは、そう簡単ではないということです。

さまざまな実例を通して、いわば表出現象をつぶさに観察すると、本心に包み隠されているものが意識の表面にのぼるのを、内心が頑として拒絶しているという着想が生まれます。こうした考えかたは、これまでの常識に完全に反するものです。人間は本当は、すぐれた能力や自信や素直な感情をもっており、人格的にも高潔であることを、自分の内心が、自分の意識に漏れ出ることのないように、厳重に監視しているということです。

自分自身が進歩することを含め、ゆるぎない自信のもとに、素直に喜び、自らが本来もっている能力を表出することは、いずれも大きな幸福感を伴うことですから、内心の働きは、まさに幸福を否定しようとすることにあるわけです。

人間は、なぜこのように奇妙なことをするのでしょうか。

「幸福になってはいけない」と願う人たち

昔から、どの文化圏にも、戒律や法律や道徳といったものが存在します。また、目からうろこが落ちるとか、蒙《もう》を啓《ひら》くとか、人格を磨くという表現も使われてきました。にもかかわらず、犯罪や違法行為は減少するどころではありません。品性の低い行動についても同じです。

そのような事実と、どの文化圏でも子どもをしつける必要があることや、自分を高めることに憧《あこが》れる人たちがたくさんいることを考え合わせると、もともと人間は純朴で素直だと考えること自体がまちがいなのかもしれません。

人間が、少なくとも表面的に見て素直ではないことは、昔から自他ともがよく承知している事実なのですが、それが、まさか自らの幸福を否定しようとした結果であるとは、これまで考えられていませんでした。

　このように、なぜか人間は、自らの大きな幸福を徹底的に否定しようとする頑強な意志をもっています。それは、時代や文化圏を問わず、また育てられかたとは無関係に、誰の心の奥底にも潜んでいて、本能に匹敵するほど強固なもののようなのです。

　このことは、世界中の人間が、だらしのない、〝ものぐさ〟な性癖を、時代や地域を超えて根強くもっているという事実によっても裏づけられるでしょう。前章でとりあげた種類の問題は、特に、生活に追われなくなったため、時間があり余っている先進諸国の人々を筆頭にして、かなりの比率で見られるはずです。

　そればかりではありません。次章で説明することになりますが、**大きな幸福を否定するだけでなく、「幸福になってはいけない」と自らに強く言い聞かせ、幸福の断片すら意識で感じることのないようにしながら生活する人たちもいるのです。**内心の力がさらに強いということでしょう。その場合は、〝偏屈〟とか〝へそ曲がり〟とか〝あまのじゃく〟といった言葉で表現されることからわかるように、「ふつうであること」を極力避けるという形をとることが多いようです。

このように、きわめて強い力と意志とを併せもつ、悪魔サタンのような存在が、生まれながらにして、ほとんど意識されることなく各人の心の奥底に潜み、日常のありとあらゆる場面で、黒幕のように、絶えずその力を行使しているわけです。

内心は、無意識の中で行なわれる、信じがたいほど緻密《ちみつ》な計算に基づいて、人間の重要な側面を自由自在に操っているとみて、どうやらまちがいなさそうです。そこでは、自らの隠された能力を総動員しているのです。とはいえ、常識に照らせば、これほど奇妙なことがあるはずはないし、これほどおかしな考えかたもないでしょう。

なぜか自尊心の低い自己像を作りあげてきた人類

内心は、幸福を否定しようとするだけではありません。前章でも簡単にふれておきましたが、幸福を否定するために大変な能力を発揮する一方で、それを意識に悟られないようにするための方策も、完璧《かんぺき》なほどに講じているのです。意識の側から見れば、自分の中で何が起こっているのかが全くわからないようになっているわけです。

では、それはなぜなのでしょうか。そのことは、逆の方向から考えるとわかりやすいでしょう。

「自分は、今、自らの幸福を否定するために、このような高度な能力を発揮して奇妙な行動をとっている」――このようなことが、自分の意識にはっきりわかってしまうと、どういうことになるでしょうか。人間は、そのような自覚をしながら行動することはできません。そうしようとすると、それだけで身動きがとれなくなってしまうはずです。

しかも、自分が自分の意識に対して、そのような芝居をしていることも、認めざるをえなくなってしまうわけです。そうなると、従来の常識というものを、それこそ根底から変更せざるをえなくなってしまいます。

これらのすべてが、意識に悟られないようにして進行する結果、意識の上では、内心が画策した通りの、いわゆる自尊心の低い〝自己像〟が作りあげられます。前章でも説明しましたが、**そうして作りあげた自己像を見せる相手は、他人ではなく、あくまで自分自身なのです**。つまり、ひとり芝居なのですが、現実の中で打つ芝居ですから、異常行動や心因性の心身症状を含めて、それなりの、場合によっては大変な出来事を実際に引き起こしながら行なうのです。その結果、意識には、本来の姿とは大幅に異なる、時として正反対ともいえる自己像がそこに現出することになるわけです。

紀元3世紀の古代ギリシャ哲学者、プロティノスは、「三つの原理的なものについて」という論文の中で、この問題に関連して、次のように述べています。千七百年以上も前に、一部であるにしても、このような心の動きが知られていたということです。

プロティノス

「もはやかの神をも自己自身をも見ることのないたましいは、自己の素性を識らないため、自分を卑しんで、他を尊び、何でもむしろ自分以外のものに驚嘆し、これにこころを奪われ、これを称美し、これに頼り、自分が軽蔑《けいべつ》して叛《そむ》き去って来たところのものからは、できるだけ自分を決裂離反させるにいたったのである」

感情には起源の異なる2種類がある

ところで、心の専門家はなぜか区別していませんが、表出している人間の感情には、起源の異なる2種類があることが長年の経験からわかっています。素直な感情と作りあげられた感情です。これは、ポジティブな（陽性）感情とネガティブな（陰性）感情という区別とは、根本から異なるものです。素直な感情の中には、喜びや悲しみのようなものだけでなく、怒りやうらみもありますし、逆に、作りあげられた感情の中にも、怒りやうらみばかりでなく、喜びも悲しみもあります。感情自体の種類ということではなく、幸福否定の結果として作りあげられたものと、素直な気持ちとがあるわけです。要するに、起源が異なるということです。

前者は反応や症状を必然的に伴いますが、後者では、幸福否定があるわけではないので、反応や症状が出ることはありません。

心理療法の場面でよくとりあげられる不安という感情についても、同じことが言えます。家族の誰かが重病になれば、そのことを心配したり不安に思ったりするのは自然なことですが、自分が望んでいた合格や昇進を果たした直後に不安感を抱いたとすれば、それは、作りあげられた感情と考えてよいでしょう。自然な感情は、原則として治療の対象にはならず、時の流れに任せるしかありません。心理療法の対象になるのは、後者だけです。

ある男性は、一流国立大学の受験に失敗しました。そして、不合格を知った時に、「パッと目の前に青空が広がった」のだそうです。それに対して、翌年に別の一流国立大学に合格した時には、当然のことだったため、うれしくはなかったというのです。これを、〝へそ曲がり〟として片づけてしまったのでは、その先に進めません。

聞いてみると、合格した時には、選択肢がほかになくなったためにうれしくなかったのであるし、不合格の時には、合格した時と違って選択肢が狭まらないことがわかったのでうれしかったというのです。本人の意識では矛盾はないことになっているのでしょうが、これについては、どう考えればよいのでしょうか。

常識的には、不合格の時に喜んだのは、不合格を認めるとショックが大きいので、強がって認めないようにしているのではないか、と解釈されるところでしょう。では、合格した時に喜ばなかったのはなぜなのでしょうか。常識の範囲内では、一貫した説明を求められると、そこで説明に窮する人が多いはずです。

幸福否定が関係した行動には、私が〝懲りない・困らない症候群〟と呼んでいる行動の歪みが、まず例外なく見られます。これは、性懲りもなく同じ失敗を繰り返すという、周知の現象のことです。幸福否定という脈絡で考えると、いわばこれは、失敗に懲りると、同じ失敗が繰り返しにくくなるためということになります。

したがって、不合格の時にうれしかったのは、失敗に懲りないようにしようとする策動に沿って作りあげられた感情ということになります。自然な感情ではないため、本人の意識は矛盾を感じないとしても、他人には大きな違和感を引き起こすわけです。それに対して合格の時に喜ばなかったのが幸福否定に由来することは言うまでもありません。

不合格の時にはがっかりし、合格の時には喜ぶ。そうした自然な感情が意識に出て来ないと、努力には結びつかず、進歩するのが難しくなります。それ以前にこのような素直な感情が意識に出てこないことは、人間の本性に反することでしょう。
幸福否定は、このように素直で前向きな姿勢そのものを避けることにつながるのです。

会議で眠気が出るのは「内心」のしわざ

日常生活で、幸福を感じるはずの出来事に遭遇した場合、内心はとてつもなく賢いので、意識ではわからないにしても、現実に発生した事態を正確に把握します。それが自分にとってどのような意味をもつものかを、一瞬のうちに正しく判断するわけです。

内心は監視が万全なので、幸福につながる事態をいかなる時でも見逃しません。その一例として会社の会議での眠気を例にとって説明しましょう。あらかじめ解説しておくと、会議での眠気の原因には、大きく分けて2種類があります。ひとつは、会議という場面自体に抵抗がある場合です。極端な場合には、どのような会議でも、始まるとすぐに眠ってしまい、会議が終わるまで目覚めることがありません。ただ、ふしぎなことに、眠っている間に話されたことを正確に覚えている人たちが一部にいます。この場合、内容には抵抗がないからです。

もうひとつは、議題の内容に抵抗がある場合です。このような人では、特定の議題になると、それまでの覚醒《かくせい》状態から、急速に眠気に移行します。もちろん、完全に眠り込んでしまうこともあります。ところが、別の議題に移ると、その瞬間に眠気が消えるのです。眠っていたとしても、やはり耳だけは起きていると考えざるをえない現象です。この場合には、眠っていた間に話されていた内容は記憶（正確には、意識的記憶）に残りません。これらの現象は、実験的にも簡単に再現できます。

これら2種類の眠気のうち、内心による瞬時の正確な判断は、後者できわだって見られます。特定の議題が、自分にとって何らかの幸福につながるものかどうかを、一瞬のうちに見きわめるわけです。そして、幸福につながることがわかると、意識では理由がわからないまま、なぜか急速に眠気が出て、どうしてもこらえきれずに眠ってしまうのです。中には、眠気を感ずる間もなく眠り込んでしまうため、目が覚めた時に初めて眠っていたことに気づく、ということすらあります。

その結果、それなりに困り、さらには、「たるんでいる」などと上司に叱責《しっせき》されて、何とかしようとしても、その状態が改善されることはほとんどありません。これまで見てきたことからわかるでしょうが、意識的な努力では、強い抵抗にはとうてい太刀打ちできないからです。

また、強い抵抗は、五感にも影響を及ぼします。三〇代のある女性は、中高生の頃、日本史が「異常にわからなかった」そうです。そこで、日本史の簡単な年表を見せると、ほとんどその瞬間に表情が変わりました。そして、「自分でも吹き出してしまうくらい、全然集中ができなくなるんです」と言いました。時代順に見て行くと、異常な集中不能状態は、鎌倉、室町時代のあたりで強くなることがわかりました。ところが江戸時代に移ると、「急に楽になりました」と言って、表情も元に戻ったのです。

中国史にも抵抗があるというので、見開き2ページのごく簡単な中国史年表を見せたところ、これに対しても同じような反応をしました。ところが、年表全体のうちの一ヵ所だけ、ごく狭い範囲が「明るく」見えるというのです。そこに自然に目が行ったのでした。見ると、そこには、中国国内のことではなく、スペインとの関係が書かれていたのでした。しかしながら、信じがたいことでしょうが、その他の部分は、いくら努力しても全く目に入らないということでした。

まず最初に、何かわからないけれども見えやすい部分があって、そこだけは集中が妨げられないため、自然に目が行ったのです。そして見ると、スペインについて書かれていることがわかったという経過です。スペインとの関係について書かれている部分がまず目に入り、その後に、そこが見えやすいと言ったのではないのです。この女性は、日本史では鎌倉・室町時代に、さらには中国史全体にも強い関心があることになります。

このような実例を見ると、一瞬のうちに下される正確な判断に基づいて、意識の上での知覚が、完全にコントロールされてしまっていることがわかるでしょう。**内心はすべてを完全に知覚しているわけですが、関心が強いために抵抗を起こしている部分については、その内容を意識にのぼらせないようにするため、その際にいわばフィルターをかけてしまうということです。**同じことは、聴覚などについても言えます。幸福否定の力は、「心ここにあらざれば、見れども見えず、聞けども聞こえず」と言われる通り、五感の歪みすら起こすのです。

幸福な感情を作らせないようにする心のしくみとは

日常生活の中である出来事に遭遇し、それが自分に大きな幸福をもたらすと判断すると、内心は、いわゆる心因性の心身症状を瞬時に作りあげます。一過性に終わるものは反応と呼ばれるのに対して、持続するものは、周知のように症状と呼ばれます。

反応や症状には、大きく分けて、あくび、眠気、身体的変化の3種類があります。異常反応という点ではいずれも同じなのですが、あくびが繰り返し起こっても、それだけで病院やクリニックを受診することはないでしょう。したがって、あくびが症状と見なされることはないでしょうが、突然に起こる眠気は、ナルコレプシーや特発性過眠症などと診断されますし、身体的変化は、まさに心身症と診断されるわけです。

第4章で説明する〝感情の演技〟という一種のシミュレーションによる方法で素直な感情を作ろうとする時にも、同質の変化が反応として、やはり瞬時に起こります。この場合も、あくび、眠気、身体的変化という3種類に大別することができます。いずれも、目的とする感情を作らせないようにするための手段です。

あくびや眠気はともかくとして、身体的反応は、強さはもちろん、内容的にも実にさまざまです。自覚的反応としては、頭痛、腰痛、腹痛などの体の痛み、肩こり、動悸《どうき》や息苦しさ、過呼吸、悪心、しびれ、かゆみ、熱感や冷感、めまいなどがあります。

客観的に確認できる反応としては、比較的多いものから順にあげると、鼻水、咳、吐き気、身体各部の不随意運動、げっぷ、笑い（吹き出し笑い）、下痢、蕁麻疹《じんましん》、喘息《ぜんそく》発作、叫びなどがあります。まれには、実際に嘔吐《おうと》してしまう例もあります。それらが、何の前ぶれもなく突然に起こるわけです。ただし、どの反応がどの程度の強さで出現するかは、同じ反応が繰り返される場合を除けば、事前にはわかりません。

自分が直面した、幸福をもたらす出来事の記憶は一瞬のうちに消えてしまいますから、実際に意識の上でわかるのは、そうした反応が、時に不安やうつ状態を伴って突然に起こったということだけです。

ここで、反応と症状の違いについて、もう少し説明しておきます。反応は一過性のものですから、眠気やあくび、いわゆる自律神経失調症的な反応、痛み、体動、アレルギー様反応などにほぼ限定されます。それに対して、症状は、夕方になるといつも頭痛が起こるなどのように、単発的な反応が繰り返されるタイプのものもありますが、一般には持続性があり、内容的にもさまざまです。とはいえ、いずれも、内心が引き起こす現象であり、両者の間に本質的な違いはありません。

幸福否定が原因で、症状が内心によって作りあげられるとしても、どのような基準でどのような症状が選択され、どのようにして作りあげられるのでしょうか。これらは、簡単に突き止められるたぐいのものではありません。現在の科学知識では、心が体を自在に操って反応や症状を一瞬のうちに作り出すしくみなど、知られているはずもないかららです。とはいえ、日常生活の中で起こる〝青木まりこ現象〟のように、書店に入ったとたんに便意や下痢が起こるなど、再現性がきわめて高い反応も多いので、それらの現象をどうしても説明する必要があるわけです。

反応や症状は、一瞬のうちに選択され、作りあげられることを、私は四〇年以上にもわたって目の前で観察し続けてきました。そのためそうした経過ははっきりしていますが、反応や症状の選択の基準は依然として不明です。アレルギー体質であれば、アレルギー症状を起こしやすいとか、多重人格性障害などのように、その時点で流行しているものが選ばれやすいとか、その時に遭遇した幸福を否定しやすい反応や症状を選ぶといった基準があることはわかりますが、その優先順位ということになると、やはりよくわからないのが実情です。とはいえ、その人なりの癖のようなものがあることからしても、何らかの基準があるのはまちがいないでしょう。

幸福否定における反応と症状の特徴

反応や症状は、出すばかりではありません。引っ込めることと、いわばセットになっているのです。幸福を意識にのぼらせないようにするために、双方向性の操作を行なって、双方の状況に明確な差をつけることで、避けるべきことに意識が向かないようにする必要があるわけです。

そのような事情から、反応には、出現のしかたにいくつかの特徴があります。これらは、反応の本質を考えるうえで、重要なヒントになるはずです。

1.急速に出て急速に消えること

眠気はもちろん、鼻水や蕁麻疹や喘息発作などのいわゆるアレルギー症状も急速に出現し、急速に消失します。2分間の〝感情の演技〟で、素直な感情を作ろうとすると、すぐに鼻水が出て、それが続いたとしても、感情の演技が終わるとすぐに止まるのです。

通常のアレルギー症状は、即時型の場合でも、抗原に接触してからしばらくして出現するわけですが、この場合のアレルギー様反応は、抵抗に直面すると1、2秒後には出現しますし、抵抗からそれれば、その直後に消えてしまいます。外見はまさにアレルギー症状なのですが、生理学的なアレルギー理論では、この現象は説明できません。

2.互いに排他的に出現すること

日常生活では、眠気とあくびは並行して出るものです。しかし、幸福否定による反応の場合には、どちらかしか出ず、同時に出現することはまずありません。あくびが出る時には眠気は出ませんし、眠気が出る時にはあくびは出ないのです。両方が出る場合には、途中で交代します。反応のあくびは、退屈を感じた時に出るとされる生あくびにあたります。逆に言えば、日常生活で起こる生あくびは、その時点での幸福を否定するために作りあげられた反応の可能性が高いことになります。

また、たとえばアトピー性皮膚炎のかゆみは、日常生活では入眠時や睡眠中に起こりやすいのが特徴ですが、眠気とかゆみが反応として出現する場合には、ふたつが同時に出ることはまずありません。かゆみが最初に出ても、反応が眠気に移行すると、かゆみは速やかに消えてしまうのです。

ちなみに、アトピー性皮膚炎のかゆみは、体が温まると強くなると言われますが、それは事実に反します。私はこれまで、湯船につかって朝まで眠るという話を、四人のアトピー性皮膚炎のクライアントから聞いたことがあります。そうすると、かゆみが出ないと言うのです。お湯が冷めると目も覚めるので、また温めてから眠るのだそうです。冬は、こたつにもぐり込んで朝まで眠るという話も何人かから聞いています。いずれの場合にも、体が温まるわけですが、かゆみは出ません。

かゆみが出るのは、夜に自分の部屋で布団に入り、暗く静かにして眠りに入るという条件がそろった時なのです。かぜを引いて、昼間に自分の布団で寝ている時にも、かゆみは出ないものです。夜間に安眠しやすい条件の時にかゆみが起こりやすいということです。これは、喘息発作の場合にもよく見られるパターンです。

ふたつの反応が同時に出ることはないという話のついでに、合併しにくい病気というものがいくつか知られているので、参考までに紹介しておきます。これは、それぞれの疾患の真の原因を突き止めるうえで重要なヒントになるはずです。

どの国でも極端に合併しにくいことで知られている疾患は、精神分裂病（最近の名称は統合失調症）と女性の病気とも言える慢性関節リウマチです。これは、専門家の間では既に定説のようになっています。慢性関節リウマチとがんの合併例も、なぜか比較的少ないようです。それぞれの疾患をもつ人たちの性格傾向は対極的な位置にあります。私は、これまで慢性関節リウマチとがんの合併例を4例見たことがありますが、性格的にはいずれも両者の特徴を併せもっているという印象を受けました。

また、分裂病と肺がんや消化性潰瘍《かいよう》との合併例も、少ないことが知られています。これらの疾患をもつ人たちの性格傾向も、ある意味でそれぞれ対極的な位置にあるように見えることを考えると、この方面は、特定の症状が選択される理由を突き止めるうえで、非常に興味深い研究領域であるように思います。

3．反応による睡眠の場合、耳は覚めていること

心理療法の中で、クライアントにとって抵抗が強い話題をとりあげると、明るい部屋の中で向き合って話している最中でも、クライアントが急速に眠ってしまうことがありますす。初対面の若い女性のように、そのようなことが最も考えにくい場合でも、眠り込んでしまうことがあるのです。これは、催眠でも難しいはずです。その話題は、本人に関係したものばかりではなく、進化や芸術などの一般的な事柄の場合もあります。

このような場合、覚醒《かくせい》させるためには、話題を変えるのが最も簡単です。そうすれば、ほとんどの場合、一瞬のうちに眠りから覚めます。同じような口調と音量で、全く別の話題の質問に切り替えると、完全に眠っているように見えた人が、一瞬のうちに目を覚まし、眠っていたはずの間に尋ねられた質問に答えることも少なくありません。

このような観察事実からすると、反応による眠りは催眠に似た特殊な睡眠で、眠って

いる間にも耳は覚めているということになるでしょう。このことから、催眠と呼ばれる現象と反応としての睡眠は、同質のものである可能性が考えられるように思います。

心の力によって作られる反応や症状

内心が一瞬のうちに自分の肉体を変化させるとすると、どのような方法を使っているのでしょうか。前述のように、**反応が瞬時に作りあげられることは、四〇年以上にわたって毎日のように目の前で観察して来たのでまちがいありません。瞬時に起こることから考えると、これらの心因性の症状は、選択されると同時に〝心の力〟で作られるように思います。**この突拍子もない着想の裏づけになりそうなことは、あるものでしょうか。

心が肉体を直接に変化させる力をもっていることは、やはり催眠研究を通じて得られた証拠によって裏づけられるように思います。たとえば、ウイルス性の皮膚疾患であるイボが暗示によって消えることは、催眠関係者の間ではよく知られた事実です。

もっと説得力のある報告もあります。アルバート・メイソンというイギリスの麻酔医は、治療法がないとされている皮膚病を、催眠によって治療した事例をイギリスの一流医学雑誌に報告しています。少年の皮膚病を重症のイボと勘違いしたメイソンは、その皮膚病を催眠によって劇的に軽快させることに成功したのです（Mason, 1952, 1955）。メイソンは、それをふつうのイボと思い込んでいたため、そのことを特に珍しいこととは考えませんでした。

　ところが、少年の主治医に話してみると、その皮膚病は、いかなる治療も受けつけない、遺伝性の皮膚疾患（先天性魚鱗癬様紅《ぎょりんせんようこう》皮症《ひしょう》）であることがわかったのです。その事実をメイソンが知ると、それ以降は、催眠暗示の力がほとんどなくなってしまいました。治療者が治療できると思い込んでいたおかげで、この少年もその思い込みを共有することになり、そのことが、治らないはずの皮膚病を好転させる力になったということなのでしょう。

　ハンブルクの胃腸科病院で院長を務めていたハンス・レーダーという医師が、同じ頃に行なった、非常に興味深い〝心霊治療〟の実験的研究があります。対象となったのは、胆石によって慢性的な胆嚢炎《たんのうえん》を起こしていた女性と、腹部の大手術からの回復が遅れて体重が28キロほどにまで落ちてしまった女性、手術不能の子宮がんのため末期状態にあった女性の三人でした。レーダーはまず、地元の有名な信仰治療師に依頼して、三人には知らせないまま〝遠隔治療〟を施してもらったのですが、この時には、何の変化も起こりませんでした。

レーダーは次に、治療師に遠隔治療をしてもらうことを三人に話して期待させ、ある時間に治療師が治療してくれることになっていると告げたのです。ところが、この時間帯には、治療師は何もしていませんでした。にもかかわらず、ふしぎなことが起こりました。その時間内に三人ともが、劇的に症状を好転させたのです。術後の回復が遅れていた患者は、2、3ヵ月後には体重が50キロにまで戻り、そのまま完全に治ってしまいました。

他のふたりは、一時的な回復だけでしたが、やはり劇的な変化を見せました。がんの女性は、それまでのむくみが改善されたばかりか、退院して自宅で家事ができるまでに体力が回復し、最後まで自覚症状を訴えることがありませんでした。また、胆嚢炎の女性も、それから数年間は再発せずにすんだのです（Rehder, 1955)。

この実験では、心霊治療の効果は認められませんでしたが、暗示による効果はみごとに確認されたわけです。これは、三人の女性たちが本来もっていた能力が、遠隔治療という外部からの力を信じたことによって発揮されたと考えることができます。

このような〝暗示効果〟によって、ふつうには説明できにくい効果が得られた場合、「催眠とはそういうものだ」などとして、どちらかと言えば軽蔑的《けいべつてき》に片づけられてしまうことが多いようですが、これは、よく考えれば非常にふしぎなことです。暗示効果という言葉だけですませてしまっていて、暗示というものによって身体的な変化が起こる理由の説明にはなっていないからです。

このように、暗示や催眠によって起こる現象は、現在の科学知識では全く説明できないのです。では、この現象の科学的研究が行なわれているかといえば、そうではありません。治療としてはふつうに使われているのに、暗示のしくみ自体の研究は全くないと言ってもまちがいではないほどなのです。**暗示という現象は、ヒステリー症状と並んで、動物的なレベルの下等な現象と考えられることが多いようですが、実際には、人間の言葉を使わなければ達成できない、非常に高度な現象なのです。**

アンリ・ベルクソンは、このあたりの事情について、「哲学と科学は、この仮説〔心身一元論〕と矛盾するもの、あるいはそれに反するものを本能的に避けようとする傾向があります」（ベルクソン、一九九二年、八八ページ）と述べています。心は、脳の活動によって生まれたものにすぎず、心そのものには力はないとして、自動的に片づけられてしまうということです。このこと自体も、非常に興味深い現象と言わなければならないでしょう。

いずれにせよ、はっきりしているのは、言葉を使った催眠暗示を通じて、ふつうには考えられない身体的変化が一瞬のうちに起こるということです。このことと、私の言う反応が無関係と考えるのは難しいのではないでしょうか。したがって、催眠暗示によって、先のような現象が起こるという事実は、症状が心の力によって作られると考えてよいひとつの裏づけになるはずです。

メイソンやレーダーの研究が行なわれた一九五〇年代は、第二次世界大戦が終結して、世界がようやく落ち着きをとり戻した頃にあたります。この時期は、振り返ってみると、一九五三年のエベレスト初登頂に象徴されるように、非常に探検的で創造的な時代だったようです。

あらゆる心因性疾患や行動異常の心理的原因となるもの

では、これまで述べてきたような反応や症状を、一瞬のうちに生み出す心理的原因とは、いったいどのようなものなのでしょうか。私の考える心理的原因は、従来考えられていたものとはあらゆる点で根本的に違っています。もちろん、それは、私が勝手気ままに考え出したものではなく、反応という客観的指標を使って実証的に導き出された結果なのです。心理的原因を探る方法については、第4章で説明します。

後述する一部の例外を除けば、私の考える心理的原因は、次のようなはっきりした特徴をもっています。ただし、最後の項目は、長年にわたって心理療法を受けてきた人たちには、必ずしも当てはまりません。

① 症状出現のまさに直前（1、2秒前）にあること

②漠然としたものではなく、明確な言葉で表現できる出来事や状況であること
③その出来事や状況の記憶は、必ず本人の意識から消えていること
④原因の内容は、原則として、本人の幸福感を呼び覚ますものであること
⑤原因にまつわる出来事や状況の記憶が意識に出てきても、本人は、それが原因に関係していることをなかなか認めないこと

これまでの経験から私は、以上の心理的原因の特徴は事実上すべての心因性疾患や行動異常に共通すると考えています。精神病であれ、神経症や心身症であれ、行動異常であれ、その症状の原因は、以上の条件を必ず備えているということです。

したがって、どの心因性疾患や行動異常も同じ方法で治療できることになりますが、それればかりではありません。診断名も、ほとんど意味を失うことになるのです。心療内科や精神科では、誤診という問題が起こることはほとんどないようですが、それは、このような事情から、診断が単なる命名になってしまっているためなのでしょう。

①では、心理的原因となる出来事が過去にある〝過去型〟の説明になっていますが、

〝継続型〟と言うべきものもあります。これは、自分が置かれた状況から離れない限り症状が持続するという形をとるものです。たとえば、家族と一緒にいる幸福感を否定する時などが、これにあたります。この場合は、家族と一緒にいる限り症状が続きます。

もうひとつ、〝未来型〟のように見えるものもあります。これは、行事や旅行などが翌日に予定されている場合、その前夜から症状が出るという形をとるものです。運動会や修学旅行などの前の晩に必ず発熱する子どもやおとながいることは、みなさんもよくご存じでしょう。この場合は、出来事は未来にありますが、原因が未来にあるわけではありません。意識では不安があるでしょうが、ほぼ例外なく、それを「楽しみにしている」ことの否定なので、原因が近接したまま継続していると考えることができるのです。

心理的原因を知りたいと思う人はたくさんいます。ところが、多くの場合それは、治療に役立てたいためというよりは、自分が（意識の上で）納得したいという思いが強いためのようです。自分が納得できるような原因というものは、要するに〝トラウマ〟や〝ストレス〟になる種類の悪い出来事でしょう。しかし、私の経験では、そのようなものが本当の心理的原因になっていた事例は、これまでひとつもありませんでした。

精神科でも、心療内科でも、治療者がそれらしき〝原因〟を推定すると、それがそのまま原因と断定されてしまうことがよくあります。それでいながら、対症療法として薬が投与されるのです。これでは何のために原因を探ろうとするのか全くわかりません。治療者やクライアントが「納得するだけ」で終わるのであれば、治療的には何の意味もありません。言うまでもないでしょうが、原因を探るのなら、それが真の心理的原因かどうかを客観的に確認し、真の意味での治療に役立てる必要があるのです。

精神分析を筆頭とする心理療法の中には、自己分析を通じて原因を洞察させることで治療しようとするものがあります。ところが、そのような方法では、意識で許容されるものしか原因として思いつかないようになっているので、自分なりに納得するだけで、治療にはほとんど役立ちません。

誰も言おうとしませんが、これは、精神分析理論を含め、自己洞察を治療の根幹に据えている心理療法理論全般の致命的欠陥と言えるでしょう。

心理的原因を探り当てた時の変化

このように、一般の心理療法などで、心理的原因を推測しただけの場合には、どうしても意識が受け入れやすい形になってしまうため、誰であれそれを原因と認めやすいものです。したがって、抵抗が起こることはありませんし、本人がそれを原因として納得したとしても、症状が変化することもほとんどありません。

それに対して、真の意味での心理的原因が探り当てられると、症状に多少なりとも変化が起こります。その瞬間に、症状が完全に消えることもありますが、多くの場合は、症状が多少なりとも弱まる程度の変化にとどまるでしょう。

その不足は、感情の演技で補います。突き止められた原因は、たとえば「上司から評価されたことによるうれしさ」かもしれませんし、「自分の子どもが成長したことによるうれしさ」かもしれません。私が治療の根幹に位置づけている「感情の演技」では、そうした感情を無理に作る努力を続けるわけです。

真の心理的原因が突き止められれば、同程度の原因では再発しにくくなるという、いわば底上げ的な変化が起こります。加えて、これまでよりも能力が発揮できるようになるし、人格的にも向上するはずです。感情の演技を続ければ、それがさらに確定的なものになるわけです。

幼少期の〝トラウマ〟が意識にのぼると、今度はそれが意識に留まって本人を苦しめると考えるのが一般の心理療法理論ですが、実際には、それとは正反対の経過を辿《たど》ります。心理的原因は、内容的にはうれしいことであるにもかかわらず、いったん本人の意識に浮かび上がっても、場合によっては、意識の上から繰り返し消えてしまうことすらあるのです。意識にとどめておくのが、それほど難しいものだということです。

ここで、前項でふれた心理的原因の例外について簡単に説明しておきます。それには、ふたつあります。ひとつは、後述する〝ペットロス症候群〟です。最近ではよく知られていますが、かわいがっていたペットが死ぬと、うつ状態や心身症が発生するという現象のことです。

もうひとつは、私が中級者クラスの反応と呼んでいるものです。これは、ふつうの幸福否定とはいちおう無関係に、特定の場所に行ったり、特定の芸術作品に接したりする時などに繰り返し起こる、異常に強い反応です。

欧米には、特定の芸術作品に接した時に起こるものに限定されますが、この反応を意味する**〝スタンダール症候群〟**という言葉もあります。中級者クラスの反応の発生率は、日常生活で起こる症状や反応の1割程度に当たるようなので、決して珍しい現象ではないのですが、まだ起源がよくわかっていません。これについては、機会をあらためて説明したいと思います。

「対比」という現象

幸福否定のしくみをより深く知るうえで重要なのは、**対比**という概念です。

対比とは、ふたつの正反対の条件のもとで、症状の出かたが正反対になる現象のことです。対比という現象がわかると、人間の心の動きや、心自体による心身の自在なコントロールの一端が、よりはっきりとつかめるはずです。

先ほど、会議で特定の議題に入ると、その瞬間に強い眠気が出て眠り込んでしまうのに、別の議題に移った瞬間に眠気が消えるという、よくある状況的対比の事例について説明しました。この事例では、眠っていても耳は覚めていて、事態の進行をきちんと把握しているということなのでした。内心が、いわば万全の監視体制を敷いているということです。その結果、意識の上では、その議題が自分にとって苦手なものだということが、それによって際立つわけです。これは、対比のなぞを解くうえで重要なヒントになります。

この事実は、意識の上ではわからないにしても、その裏にはかなりの計画性が隠されていることを示しています。問題はその計画の中身です。それは、話題や状況が変わったら、それまでの眠気や症状を一瞬のうちに引っ込めるということですから、そのように、急速に症状を変化させる意味を考えればよいことになります。

対比は、時間の尺度という観点から、**即時的対比**と**長期的対比**に分けることができます。前者では、内心が心身を自在にコントロールしていることがわかりますし、後者では、いわば長期的な計画のもとにそれを行なっていることがわかります。

また、対比される内容で分類すると、**状況的対比、時間的対比、空間的対比、対人的対比**の4種類に分けることができます。ただし、対人的対比は、感情的対比と呼んだほうがよさそうな場合もあります。前の3種類は即時的対比に含まれるのに対して、最後の対人的対比は長期的対比に含まれることが多いようです。

自宅や職場では頭痛や下痢が続くのに、玄関を一歩出たとたんにその症状が消えてしまうといった事例も、比較的多いものです。その場合、自宅や職場に入ると、その瞬間に同じ症状が起こります。これは、玄関を境界にした内と外という空間に従って、症状を出したり引っ込めたりするという意味で、空間的対比の実例と言えるでしょう。ただし、状況の変化に着目して、状況的対比と呼んでもまちがいではありません。

また、**登校拒否**（最近の言葉では不登校）や**出社拒否**の場合には、朝なかなか起きられず、学校や職場に行こうとすると、頭痛や発熱などの身体症状や、不安やうつ状態などの精神症状が出ますが、午後になるとそうした症状が急速に消えるという経過が繰り返されます。休日には症状は出ませんが、月曜日になるとまた同じ状態になるわけです。このような経過は、時間的対比とも状況的対比とも言えるでしょう。

とはいえ、このような分類は多分に恣意的《しいてき》なものなので、どちらとも区別がつかない場合も少なからずあります。言葉だけの解説では意味がわからないでしょうから、最初に、状況が変わるごとに症状が一瞬のうちに変化する、即時的対比の実例をいくつか紹介しながら説明することにします。

疲れやすさや体のだるさなどの、いわゆる自律神経失調症状を訴え、ふだんは家事もできず寝たきりになっている専業主婦がいるとします。ところがこの女性は、友人から電話がかかってくると、そのとたんに元気になり、何時間でもふつうに話をすることができるのです。その間は、いつもの症状がすっかり消えているようです。にもかかわらず、電話を切ると、その瞬間にいつもの症状がぶりかえし、横になってしまうのです。

この種の事例は、珍しいどころかたくさんあります。いかにも芝居っぽく見えるので、家族や周囲から仮病を疑われることが多いのですが、いわゆる仮病ではありません。経験のない人に対しては説得力がありませんが、本当にこのような変化が瞬間的に起こるのです。ひとりでいる時にも起こるという事実に注目すればわかるでしょうが、人に見せて同情を引こうとするものではなく、前章で説明したように、まさに自分に見せるための芝居なのです。

これは、日常的にてきぱきと家事をこなさなければならないという、自分が現実に置かれている状況と、遠方の友人と話をするという、日常生活からいったん離れた状況とを対比させているという意味で、状況的対比の実例と言えるでしょう。

言うまでもありませんが、従来の理屈では、家事や仕事が本人の幸福につながるなどとは考えません。専業主婦の場合でも、家事労働は、本人の負担が大きい、単なる義務にすぎないと考えるのです。そのため、体調不良を抱えながら家事をしなければならない場合には、ただでさえ大きいストレスがさらに大きくなり、悪循環になっていると考えるわけです。

あるいは、自分は専業主婦なので、家事をしなければいけないことがよくわかっているのに、体調不良のためそれができず、自分のふがいなさを思い悩むことがストレスになり、そのために体調不良がさらに強まるなどと説明する人もいるかもしれません。

しかし、このように考えたのでは、理論として堂々めぐりになってしまっているだけでなく、真の意味での解決策を見いだすこともできません。その結果、対症療法的な投薬治療に頼らざるをえなくなるわけです。

では、友人と電話で話し始めるといつもの症状が消えるという現象を、心因性疾患のストレス理論で説明すると、どうなるのでしょうか。日常生活の中で起こっているストレスを、一時でも忘れさせてくれるためと考えるしかないでしょうが、それでは肝心の、一瞬のうちに消えるという事実が、やはり説明できません。

ストレスというものは、ストレス因がなくなっても、一瞬のうちに消えることが想定されているわけではないからです。世間にはいろいろな〝ストレス解消法〟があるようですが、〝深刻なストレス〟を抱えている人たちは、そのような方法を使っても、簡単に解消できずに苦労しているというのが実情なのです。

では、このように条件の違いによって、一瞬のうちに症状が変化するのはなぜなのでしょうか。心理的原因（つまり、自分の幸福につながる出来事や状況）に直面すると、その瞬間に症状が出るのは、幸福否定の理屈からよいとしても、その状況から離れた瞬間に症状が消えるのは、つまり、症状が徐々に消えるという形をとらないのは、なぜなのかということです。

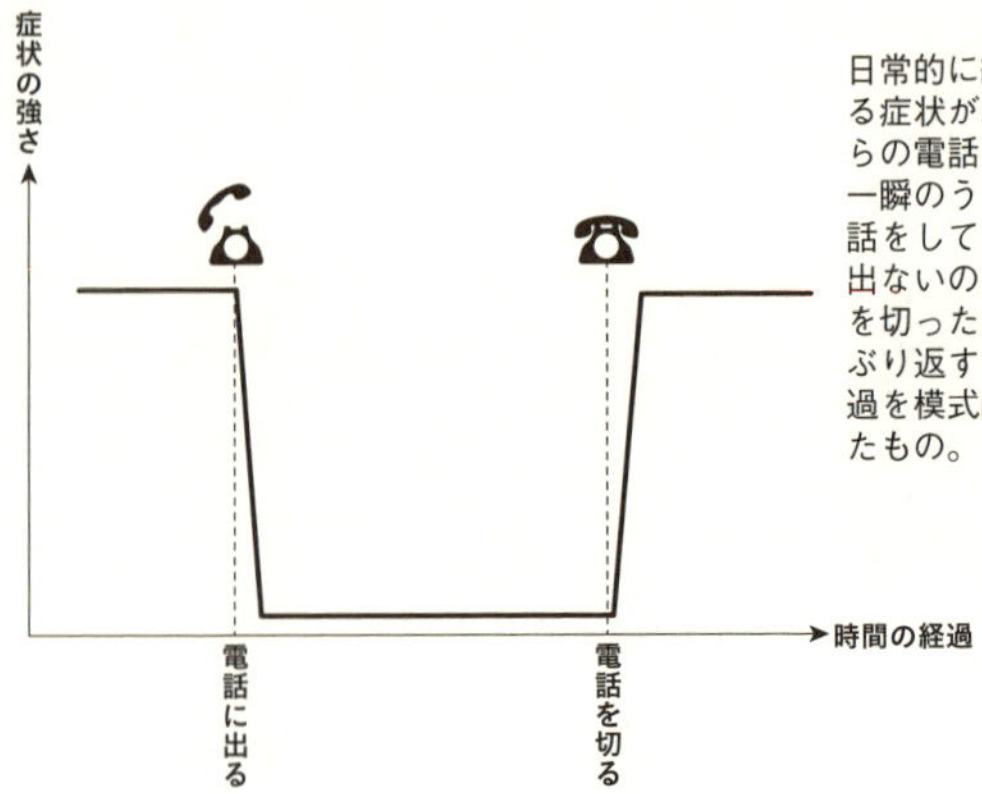

日常的に続いている症状が、友人からの電話に出ると一瞬のうちに消え、話をしている間は出ないのに、電話を切ったとたんにぶり返すという経過を模式的に示したもの。

友人と電話で話し始めた瞬間には、どういうことが起こるのでしょうか。電話で話し始める時、それまで直面していた現実から、つかの間ではあっても離れるということです。では、その瞬間に症状を一掃させるのはなぜなのか。一連の経過は、電話を切った時に、一瞬のうちに症状がぶり返すこととセットになっています。電話を切った瞬間、これまでの現実に再び直面せざるをえなくなるわけです。

　このように俯瞰《ふかん》的に考えるとわかりやすいでしょうが、こうした現象は、幸福否定のしくみそのものでもあります。模式的に図示すると、上の図のようになります。まさに一目瞭然《いちもくりょうぜん》ですが、電話で話している時だけ、ストレスから完全に解放されたかのごとき経過になっています。逆に見れば、ふだんの状態がいかに自分にとって苦痛であるかを、自分の意識に言い聞かせるような形で症状を出して消すという操作が行なわれているということです。

日常生活が自分にとって苦痛であることの、いわばアリバイ工作のようにして、症状を完全にコントロールしていることが、この経過を見ると明確になるでしょう。逆にいえば、家事という主婦の仕事が自分にとっていかに大切なものかを意識の下では非常によくわかっているということです。

家事をきちんとこなすことは、自分にとって大きな喜びになるからこそ、家事をする必要がある状況に直面した時に症状を作り出すということになるでしょう。ここでも、幸福感を避けるために、内心が意識を完全にコントロールするための手口を見ることができます。

対比とは、症状を出す側と引っ込める側の双方に作為が働く現象のことなので、単に原因から遠ざかったために症状が消えるものは含まれません。とはいえ、実際には両者の区別が難しい場合もあります。

たとえば、自分の観たい映画を観ようとすると、いつも眠ってしまい、目覚めた時には必ずエンディングの場面になっているというたぐいの事例も、比較的多いものです。このような人の場合、つまらない映画では眠気は全く出ないそうです。この場合には、つまらない映画の時に、自分をより覚醒させるという作為はないでしょうから、対比による現象ではなく、通常の幸福否定の結果と考えればよいでしょう。

対比の構造がある程度わかったところで、次に長期的対比を見ることにしましょう。

新型うつ病の心理的メカニズム

長期的対比は、即時的対比とは少々おもむきが異なります。対比すべきふたつの出来事が、時間的に多少なりとも離れているため、より計画的な印象が強くなるのです。

そのひとつは、**新型うつ病**と呼ばれる人たちを通じて、一般にも知られるようになった現象です。出勤しようとすると、うつ状態や不安や身体症状が出て出勤できないにもかかわらず、遊びには問題なく行けるし、その時にはいつもの症状は出ないのです。これは、長期的な状況的対比に当たるでしょう。この場合、休職中には特にそうですが、仕事に行く時と遊びに行く時の時間の間隔はかなり離れています。ちなみに、このような事例を行動的側面から見れば、出社拒否ということになります。

次は、長期的な対人的対比の実例です。何年かの恋愛の後、婚約したとたんに慢性的な下痢症状（過敏性腸症候群）を起こした女性がいました。この女性は、婚約者のことを、「あんな人とは思わなかった」と言います。婚約を後悔し、今後のことを考えると不安で、当分は結婚しないつもりだと言うのです。下痢は、婚約者と会うたびに悪化し、そのため、私の勤めていた特殊内科に入院したのです。ところが、入院治療を受けていたにもかかわらず、婚約者が初めて面会に来た当日から、症状はさらに悪化しました。

一方、本人にはほかにボーイフレンドもいて、その男性と会う時には下痢も起こさないうえに、非常に楽しいのだそうです。そのため、本当は「その男性のほうが好きで、下痢の原因は、その婚約者と結婚してはいけないと、神さまが教えてくれているためなのではないか」とまで考えたのです。婚約者と会う時と、ボーイフレンドに会う時とは、時間的に離れているため、これも長期的対比の実例になります。

この女性は、婚約者との愛情関係のほうが圧倒的に強いため、その否定から、自分の意識に対して、このような工作をしたということです。ボーイフレンドと会う時にはふだんの下痢が治まるのですから、まさに対人的対比の好例と言えるでしょう。

特殊な対比――〝ペットロス症候群〟

通常の対比とは質的に異なるのですが、やはり長期的対比と考えるべき興味深い症状があります。それは、**〝ペットロス症候群〟**として、一般にもよく知られるようになった現象です。

この症候群では、それまでかわいがっていたペットが死ぬと、強い悲しみやうつ状態などの症状が出現します。とはいえ、このような現象が起こるのは、ペットが死んだ時とは限りません。たとえば、会ったこともない、夫の同僚の家族が亡くなったことを聞いた時や、個人的なつながりのない有名人が死亡したのを耳にした時などにも、同じような症状が出ることがあるからです。

私の観察では、こうした症候群を示す人たちの多くは、その一方で、肉親の死んだ時には悲しみを強く否定する傾向をもっているようです。悲しそうな態度を見せることもなく、それを日常的な出来事のように受け止めるのです。それでいながら、ペットや縁の遠い人が死んだ時には、ひどく悲しんだり、寝込んだりするわけです。

本人の意識では、うらみばかりで愛情の感じられない肉親よりも、自分を癒してくれたペットのほうがはるかに愛着が強かったため、肉親が死んでも悲しくはないが、ペットが死ねば、深く悲しみ、落ち込むのは当然ということになっています。相手が他人や有名人などの場合には、また別の理由がつけられます。

ここで重要なのは、ペットや縁の遠い人物の死に際して、ひどく悲しみ、さまざまな心身症状を出現させるという側面ではなく、肉親の死に際して、非常に冷淡にふるまうという側面のほうです。この時には、落ち込みもなければ心身症状もないので、本人が治療を求めて病院を受診することはありません。その結果、この重要な事実が完全に見落とされてしまうのです。

ペットロス症候群では、ペットが死んだ時には悲しみを増幅させるのに対して、肉親が死んだ時には、愛情に由来する感情である悲しみを否定します。そうすると、どちらの場合も**感情の操作**をしていることになります。したがって、反応や症状は、うれしさを否定する時にしか出さないわけではなく、幸福否定の結果として、悲しみを増幅させる時にも出していることがわかります。

この現象を見ると、心因性の症状は、幸福を否定する手段として、自由自在に作りあげられるものであり、幸福否定の結果として自動的、機械的に出るようなものではないことが、さらにはっきりするでしょう。

心因性の症状は幸福のありかを知らせる〝指標〟

これまで見てきたように、人間は、自分にとって幸福な事柄を、意識下で正確にとらえます。そして、自らの幸福否定の強さに従って、それを受け入れるか拒絶するかを瞬時に判断します。受け入れた時には素直に喜びますが、拒絶した時には、自分が幸福ではないことを自分の意識に言い聞かせる手段として、対比などの方法を併用しながらさまざまな症状や異常行動を作りあげるわけです。

したがって、心因性の症状や異常行動は、自分の中で幸福の否定が起こっていることを明確に教えてくれる指標であり、裏を返せば、そこに大きな幸福が隠れていることの目印にもなっているわけです。

ところが、このような知識を得て、心因性の症状が出た時に、今、自分は幸福なはずだと思い込もうとしても、幸福感が感じられるどころではなく、依然として症状に苦しみ続けるでしょう。ここに、意識の力の限界が見えるとともに、内心が力ずくで意識をふりまわしている実態がはっきりとわかります。

とはいえ、感情の演技という形で、むりやり自然な感情を作る努力を地道に続けさえすれば、それだけで、幸福否定の力がわずかずつ弱まって行くことも、私の経験から見てまちがいありません。これが、意識の力のたまものであることも、否定しようのない事実だということです。内心と比べると、意識は、瞬発力という点で天と地ほどの違いがあるのは確かです。しかし、意識の微力は、ウサギに対するカメの歩みのように、たゆみない努力を続けるところにのみ、発揮される余地があるように思います。

次章では、このような内心の強い力によって幸福否定が日常生活の中にどのような形で現われ、どのような影響を及ぼしているかを見ていくことにします。

第3章

〝幸福否定〟から見た異常行動や症状のしくみ

幸福否定という考えかたはどこまで当てはまるか

心因性疾患の原因は、専門家の間でも一般人の間でも、いわゆる悪い出来事や悩みごとに起因するショックやストレスのような「心理的負担」とされていて、それ以外の要因が疑われることは、絶対にと言ってよいほどありません。

それに対して、幸福否定理論では、これまで見てきたように、ほとんどの場合、その原因をうれしい気持ちの否定と考えます。

自分の意識が幸福感を覚えるのを内心が妨げようとすることが、幸福否定という無意識的なしくみですが、その場合、ふたつの手段をとることになります。ひとつは、既にある幸福感を意識にのぼらせないようにすることであり、もうひとつは、幸福な事態の到来が予測される場合、それを避けようとすることです。

ただし、このふたつを切り離すのが難しいこともあります。たとえば、自分がほめられそうになるとその場から逃げ出してしまうなどの場合です。これは、相手に評価されていることを既に承知しているからこそ、それ以上の評価を避けて逃げるということなので、自分が相手から評価されていることを、その時点で多少なりとも思い出しているはずだからです。

幸福感が意識にのぼるのを否定しようとする、自らの内心に潜む頑強な意志は、さまざまな事象や状況を、まさにところかまわず作り出します。それは、第1章で見てきたような日常的なものから、病名がつけられるたぐいのものや、社会的な問題に発展するほどのものに至るまで、種類も程度もさまざままでです。そしてそれは、私たちの生活の枠内にとどまらず、科学的な営為を含めた文化的活動全般にまで及ぶと言っても、決して過言ではありません。

これらの現象は、互いに無関係なものに見えます。たとえば、心身症の症状と、心因性疾患のストレス学説が両方とも、同じく幸福否定の結果として作りあげられたとは、誰も考えないでしょう。一方はあくまで個人の中で起こる問題であり、もう一方は専門家集団の合意のうえに成立している科学的理論だからです。

また、同じ病弊という言葉で表現されるとしても、心身の病気と犯罪などの社会的問題は、精神病をもつ人たちが起こしたものを別にすれば、常識的にはどう考えても別ものです。ところが、**幸福否定という角度から眺めると、根は同じであることがわかるものが、控えめに言っても非常に多いのです。**

そのため、多種多様な問題が、実際にはひとつの方法で解決できるという、常識的にはありそうにない可能性が浮かび上がります。本章では、そのような角度からの検討も含め、幸福否定という現象を広い視野で眺めることにします。

幸福否定のさまざまな現われ

幸福否定は、大きく分けると、能力と人格という、人間のふたつの側面に姿を現わします。ただし、ここには大きな偏りがあり、人格的な側面のほうに、はるかに強く出現するのです。そのことは、さまざまな能力を発揮しているにもかかわらず、人格的に問題のある人はいくらでもいるのに対して、人格的にすぐれた人の場合には、まずまちがいなく能力を伴っているという、身のまわりに散見される事実を考えるとわかりやすいでしょう。

次に、第1章でとりあげた現象と多少の重複はありますが、幸福否定が関係していることが比較的わかりやすい現象を、読者の方々に関心をもっていただけそうな項目の中からいくつかとりあげ、詳しく解説することにします。それは、次の4項目です。

これら4項目を、能力と人格のどちらの側面に関係しているかという視点で強いて分けると、最初の2項目は、能力的な側面と人格的な側面の両方を含んでいるのに対して、あとの2項目は、主として人格的な側面に関係しているといえるでしょう。

①課題の解決を先送りする
②自らの進歩や成長を嫌う
③自他の愛情を受け入れようとしない
④反省を避ける

いずれも、比較的多く見られる現象であるのは確かですが、どれもがすべての人に当てはまるわけではないことは、あらためて言うまでもありません。また、このような並列的な分けかたが必ずしも適切なわけでもありません。最初のふたつは、多少なりとも重なり合うでしょう。また、4番目の項目は重要です。それ以外のすべての項目に関係してくるからです。あるいはほかのすべての項目の上位にあると考えることもできます。

一方、数多くの人びとに共通する異常行動は、ほかにもいくつかあります。たとえば、ふつうの生きかたを避けようとするという特性です。

ひとくちに〝ふつうを避ける〟と言っても、世間的な生活をしながらふつうを避けようとする生きかたと、世間的な生活自体を極度に避けようとする生きかたのふたつがあります。特に、後者の生きかたを徹底させる人たちとなると、かなり限られます（この問題に関心のある方は拙著『幸福否定の構造』第6章を参照してください）。

では、これら4項目の問題点を順に説明してゆきましょう。

幸福否定による現象① 課題の解決を先送りする

人間は動物よりも劣っているか

これは、第1章の冒頭で扱った、締切りまぎわにならないと課題に手がつけられないという現象を別の側面から見たものです。問題を先送りする結果として、締切りまぎわにまで追い込まれる（あるいは、自分で自分を追い込む）という形になるわけです。では、そのような、いわば愚かしい行動を繰り返すのは、なぜなのでしょうか。

自分のことになると、いろいろと言い訳的な理由が出てきて、かえってわかりにくくなるでしょうが、第三者から見れば、これは実にふしぎなことです。その場合、先述のように、何があっても、さほど懲りたり、困ったりしないようになっています。こうした課題の先送り傾向は、特定の人に限られる問題ではなく、いわゆる苦手なことを考えればわかるように、誰にでも多かれ少なかれ当てはまることなのです。

動物には、それぞれの段階に応じた能力というものがあります。たとえば、ニホンザルに鏡を見せると、そこに映った像を認識することはできるし、左右が反転した鏡映像を利用するという、人間でも訓練しないと難しいほどのこともできるのですが、その姿を自分と認識することはできないようです。

それに対して、同じ霊長類でもチンパンジーになると、それを自分と認識できるばかりか、人間に教えられなくても、鏡映像を利用して、自分の顔についた汚れをとるという実利的な行動もできれば、喉《のど》の奥をのぞいてみたいという好奇心を満たすこともできるのです。

しかし、ニホンザルどころか、そこまで進化していない動物ですら、何かの失敗をすれば、それに懲り、それ以降、同じ失敗はしにくくなるはずです。そうでなければ、個体のみならず、種の存続自体が危ぶまれることになるからです。単純な比較はもちろんできないにしても、人間は、自分にとって不利になるはずの失敗を、しかも人に見えるところで、性懲りもなく繰り返すわけです。それは、いったいなぜなのでしょうか。その点では、人間は能力的に下等な動物以下ということになりかねませんが、そのように考えることはできないはずなので、何か別の理由が必要です。

幸福否定という意志が、人間特有のものなのか、それとも系統発生の中で必然的に出現したものなのかという問題は難しいテーマですが、いずれにせよ、幸福否定の結果、自分が望む方向へ進歩したり、成長したりすることを避けようとする力が働くこと自体はまちがいありません。自分の問題行動に懲りたり、困ったりすれば、同じ失敗をしにくくなります。したがって、懲りたり、困ったりしないようにするのは、同じ失敗を繰り返す余地を残しておくためということになるでしょう。このことは、前章で説明しておいた通りです。

したがって、これは、能力としてできないということではないので、生物としての本性に逆らった、ある意味で非常に高度な行動と考えるべきなのではないでしょうか。人間以外の動物には、難しいはずだからです。そのように考えると、幸福否定は、人間特有のものではないとしても、生物が本来的にもっている特性が、人間になってからきわ立つようになったひとつの結果ということになるでしょう。

懲りない・困らない症候群

もちろん、幸福否定には大きな個人差があります。
かなり前向きなこともほとんど抵抗なくできてしまう人が、ごく少数ながらいる一方で、生死にかかわるほどの、あるいは、一生をだいなしにするほどの重大な行為を繰り返しても、なおかつ懲りようとしない人たちも、周知の通り、少数ながらいるわけです。薬物やアルコールの依存者や、ギャンブルの耽溺《たんでき》者、犯罪の常習者などが、それに当たります。

そのような人たちには、意志が弱いという説明が当てられることが多いわけですが、そうではなく、幸福否定の意志がきわめて強く働いた結果として、自滅的な形をとっていると考えるべきでしょう。

どれほど叱責《しっせき》されても、性懲りもなく遅刻や同じ失敗を繰り返す人は、みなさんのまわりにも何人かいるはずです。そのような人たちは、自分が起こした行動の結末について、いちおうの謝罪はするかもしれませんが、真の意味での反省をすることはありません。そして、周囲の迷惑や心配をよそに、まるで初めてでもあるかのように、全く同じ失敗を繰り返すのです。そうなると、失敗という言葉は当たらず、それを目的として起こした行動と考えなければならないことがわかります。

幸福否定が弱い部分についてはまだしも、強い部分については、人から指摘されても、それを深刻に受け止めることができません。それどころか、強い叱責を受けてすら、それが自分にとって一大事であることに、意識ではほとんど気づかないのです。幸福を避けようとする方向に、みごとに一貫した行動をとっているにもかかわらず、意識の上では、ことの重大性がまるでわからないようになっています。問題点を頭で理解したとしても、人ごとのようになってしまい、実感がまるで湧《わ》かないということです。

しかし、幸福否定に基づいて起こす行動であるとはいえ、やはり限度というものがあります。つまり、その行動が繰り返せなくなるほどの痛手をこうむるまでのことは、原則としてしないということです。ことの重大性とその認識に応じて、適度に自分の意識を困らせるように、内心がその度合を巧みに調節しているのです。このようにして、肝心な課題の解決を先送りする傾向が温存されるわけです。

幸福否定による現象② 自分の進歩や成長を嫌う

締切りまぎわまで着手が難しい理由

締切りまぎわまで、したいことやしなければならないことに着手できないという問題は、目の前の課題の解決を先送りする傾向の必然的な結果です。ただし、何を先送りするかということになると、この点でも個人差がかなりあります。つまり、行動としては先送りという形で現われるとしても、動機という点ではさまざまであり、行動と動機が一対一対応をしているわけではないということです。そのことは、何を先送りしやすいかを見るとわかります。

たとえば、事務的なメールを書くのと、文学作品を書くのとでは、文章を書くという点では同じでも、その難易度には雲泥の差があります。文学作品のほうがはるかに高度な集中力と能力を要求されるので、一般には、文学作品よりも事務的なメールのほうがずっと書きやすいはずです。したがって、文学作品を書こうとしている人の多くは、メールではなく、文学作品の執筆を先送りすることになります。そのため、出版社の編集者は、予定通りに原稿がもらえないという深刻な（とはいえ、経験を通じて十分に予測可能な）事態に頻繁に直面するわけです。

ところが、中には、それとは正反対の行動をする人たちがいるのです。ある出版社の書籍編集部長は、自分でも本を書く人なのですが、その原稿はよどみなく書けるそうです。ところが、仕事がら礼状を書かなければならないことが多いのに、それがどうしても書けないというのです。ようやく書くことができたとしても、今度はそれをかばんに入れたまま、投函するのを忘れてしまうのだそうです。

礼状は、締切りが決まっているわけではありませんが、あまり遅れると出す意味がなくなります。その結果、相手の信頼を失ってしまう可能性が高いわけです。ただし、本当に信頼を損なうかどうかは相手次第なので、これを正確に表現すると、相手の信頼を損ねるように本人が仕向けているということになります。したがって、この場合は、人に信頼されることに対する抵抗の結果、礼状を出すのを先送りしている、ということになるでしょう。

それとは全く異質の、興味深い抵抗の実例を、たまたまこの編集部長から聞いたことがあります。この編集部長は、書籍部に異動するまでは、同じ出版社で月刊誌の編集長を務めていました。その時、ある大学教授に、自分の担当する雑誌に連載記事を書いてもらったのです。その教授は、毎月の締切りにいつも間にあうように原稿を送ってくれました。その点では、信頼性は高いことになります。そして、連載はめでたくぶじに終了しました。ところが、問題はその先にあったのです。

編集長は、この連載を単行本にする企画を立て、教授に許可を得たうえで全編を組み直し、その初校ゲラを教授に送りました。全体が既に活字になっているのですから、教授は、それに目を通し、必要であれば多少の修正加筆をして送り返すだけでよいわけです。それだけで著書として出版できるところまで来ていたのです。ここまでできていれば、著者にとって、最も簡単な書籍出版ということになるでしょう。

にもかかわらず、この教授は、ついにそれができなかったのです。もちろん、編集長は、何度も催促しています。加えて、たまたま会合で顔を合わせる機会が何度かあったそうですが、その時にも教授は、「もう少し待ってほしい」と言うだけでした。そして、信じがたいことに何の進展も見られないまま、いたずらに数年が経過したのです。最終的に、この出版社は、あろうことか、組版代を棒に振る形で、出版を断念せざるをえなくなったのでした。

この場合、月刊誌の連載の原稿はいつも間にあっていたのですから、原稿を書くこと自体に抵抗があったわけではありません。それよりも、この教授は、その作品を単行本として出版することに抵抗があったことになるでしょう。

この編集長の話では、定期刊行物の原稿が遅れることは、比較的少ないのだそうです。問題は、書籍用の原稿なのです。その違いは、同じ作品であっても、雑誌に掲載された記事に対する評価と、書籍として出版された場合の評価に着目すれば、おのずとはっきりします。そのことは、このような経過で出版された書籍を考えればわかるでしょう。連載の間に評判になったとしても、評価されるのは、書籍として出版された時なのです。書籍の場合には、自分の作品として後世に残りますが、月刊誌の記事であれば、わずかひと月で書店から消え去り、その後は（専門的な論文を別にすれば）ほとんど忘れ去られてしまう宿命にあるのです。

したがって、この教授は、自分の研究や著書が評価されることによる喜びに抵抗があったことになります。

抵抗というものは、他人から見れば、どうしてその程度のことができないのかと、ふしぎに感じられるものが多いのですが、その裏には、やはりそれなりの事情があるということです。氷山の一角という言葉がありますが、表面に出ている部分は小さくても、その下に大きな意味が隠れているのです。そのことがわからないと、この疑問は解消されません。

そのような事情がわかったところで、締切りまぎわになると、集中と能力の発揮とが突如としてできるようになる理由について考えてみましょう。締切りまでの時間の長さと、その課題にとり組もうとする意識の上での熱意の強さ、その課題にとり組もうとした時の症状の強さの関係をグラフにすると、左ページの図のようになるでしょう。

たいていの場合、計画を立てることは難なくできます。とはいえ、締切りまでに時間の余裕がある段階では、その課題にとり組む必要性はまだ小さいものです。また、その

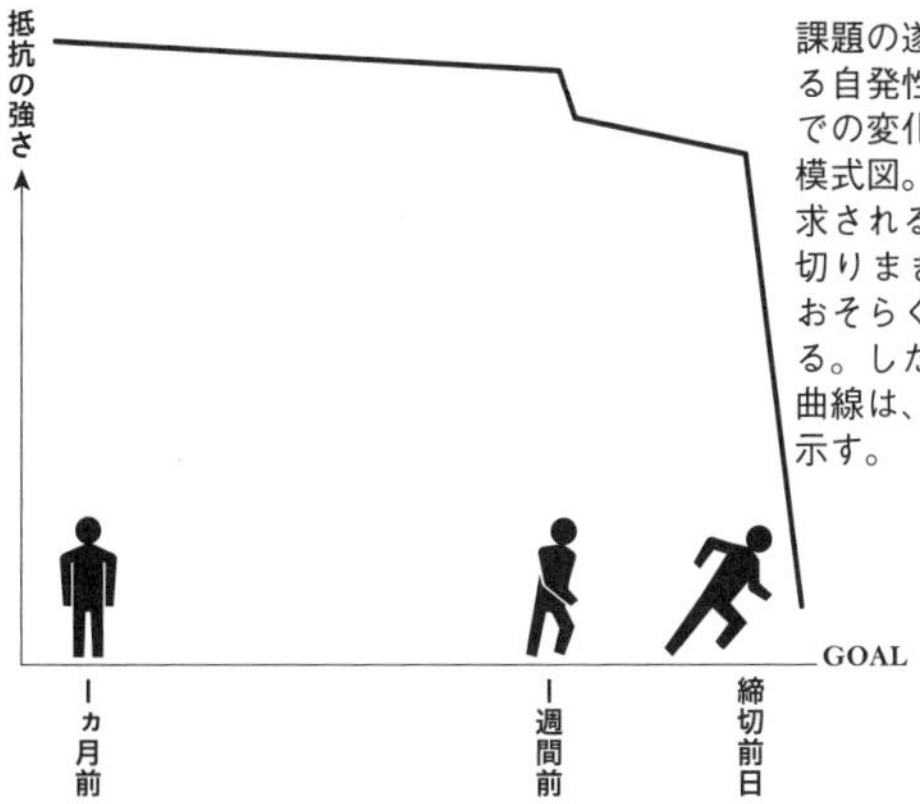

課題の遂行に要求される自発性の、締切りまでの変化の一例を示す模式図。この課題に要求される自発性は、締切りまぎわになると、おそらく急速に減少する。したがって、この曲線は、抵抗の強さを示す。

要請が弱い分だけ、強い自発性が必要になります。そのため、その段階で課題にとり組む人はほとんどありません。

ところが、いつも課題を先送りしている人が、その段階で計画に従って課題にとり組もうとすると、第1章で見た通り、きわめて強い抵抗が起こります。そして、とり組みをさらに続けようとすると、意識の上での意志がいかに強くても、ほとんどの場合、抵抗や反応の強さに負けてしまうのです。

それに対して、締切りが翌日に迫り、時間的余裕のなくなった段階では、事情が大幅に変わってきます。何よりも、自発性がほとんど要求されなくなっています。また、意識の上でも、

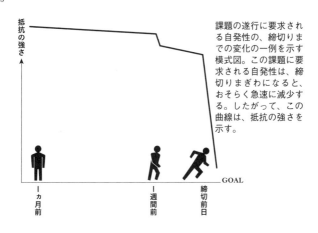

いよいよ覚悟を決めて課題にとり組まなければまずい、という切迫感が出てきていますし、実際にも、それまで通りの生活を無事に続けるためには、とり組まざるをえない状況になっています。加えて、時間がなくなっているため、「今から始めてもたいしたことができるはずはないので安心して着手できる」という、やはり幸福否定に基づく逃げ道も生まれています。

そのため、前ページのグラフに示されているように、締切りまぎわになるまでは（1週間前などの〝節目〟にわずかながら弱まることがあるにしても）抵抗にはあまり大きな変化は起こらず、締切りの直前に急速に小さくなる、という曲線を描くことが多いようです。したがって、最後の段階では、抵抗は、課題が遂行できないほどの強さではなくなっていますし、かなり集中してとり組めるようにもなっているのです。そして、その時にはふだんは発揮できないほどの能力が、〝火事場のばか力〟といわれるように、一時的に発揮できることが多いのです。

時間の余裕がある時には着手が難しいのに対して、締切りまぎわになるとそれが急速に容易になるという変化は、前章で説明した対比という概念を適用すると、**時間的ない**

しは状況的対比に当たります。締切りまぎわまでの長い時間と締切り直前の時間帯とを対比させ、内心が抵抗の強さを一変させるわけです。

したがって、この課題を先送りしてきた理由は、「計画に従って自発的にとり組むことは自分にとって苦痛だ」と、内心が自分の意識に思い込ませることにあったということです。裏を返せば、本当は、時間の余裕のある段階から、その課題にじっくりととり組み、よいものにしたかったという、強い願望があったことになるでしょう。

第1章で述べておいたように、時間のある時に、自分のしたいことを、自発的にするという、いちばん簡単そうに見えることが、人間にとって、実際には最も難しい行為です。締切りが設定されているものですら、その直前にならなければ手がつけられないようなら、締切りのないものは、繰り返し先延ばしにされ、いつまでたっても手をつけることができず、いつの間にかうやむやになってしまうのです。

このようにして、自分の進歩や成長を避け続けながら一生を終えてしまう人たちが多いのは、残念ながら事実のようです。

創作活動と抵抗

昔から〝産みの苦しみ〟という言葉があるように、作家や芸術家は、創作活動に際して苦しむことが知られています。その苦しみは、一般に受け入れられやすい作品を作る時よりも、自分を満足させる作品を作る時のほうが、一般にはるかに強いものです。それは、人に評価された時の喜びよりも、自分を心底から満足させることができた時の喜びのほうが、はるかに大きいためです。

著名な評論家だった小林秀雄が、旅館にこもって執筆している場面を、たまたま目撃したある文芸評論家は、後年、その経験を小林の妹に次のように伝えています。

書く人はみんな苦しみますよ。でも小林先生の苦しみぶりは全くひどいですよ。私はどこかの旅館で小林先生が仕事をしていらっしゃるところを、ちらりとみたことがあるんですがね。部屋の中を四つんばいになって這《は》いまわっていましたよ。

（高見沢、一九八五年、二三二ページ）

まさに産みの苦しみという形で、自分の体にそのような反応が自然に起こってしまったということなのでしょう。もちろん、強い反応が出れば、それだけでその作品が優れたものになるという保証があるわけではありません。とはいえ、妥協することなく、その反応を乗り越えて作品を作り出すことができれば、他人の評価はともかく、自分をうそ偽りなく喜ばせる作品になるのはまちがいないでしょう。

おおまかに言えば、反応から逃げて楽な方向へ向かうのではなく、反応が強く出る方向に進めばその分だけ、自分が心から満足できる作品に近づけることができるはずです。現に、小林秀雄は、「**苦しまなくては、本当の喜びはない**」と語っていたそうです。その言葉は、自分が本当にしたいことをしようとすれば、必ず苦しみを伴うという、長年の経験から生まれた確信なのでしょう。内心が作りあげるものであるとしても、そのような関係があるのは確かだからです。

創造の喜びとそれに対する抵抗から逃げる人たちが多いという事実については、小林秀雄の親友だった、昭和初期の詩人・中原中也が、二〇歳の時に書いた日記（一九二七年一一月二五日付）の中で、次のように的確に表現しています。

常に人は自らで耕さなければならない！
他人を意識することは、夢を即《すなわ》ち生命を壊す。
私は、人と人との習慣的な同意を憎む！

これは、おおよそ次のような意味でしょう。

本来、生物たる人間は、自分の力で何かを創り出すようにできていて、それが生きる喜びになる。ところが、現実にはそれを避け、人の評価や権威を基準にして、人に受け入れられやすい行動を起こす人たちが多い。こうして習慣になったそのような行動は、互いに同意しやすいものの、生命の喜びに反している。それでは、何のために生きているのかわからないので、私は、そのような生きかたを心の底から嫌う。

もちろん、人は、経済的に自立し、社会の中で受け入れられなければ生きていけません。その一方で、「人はパンのみで生きるのではない」という特性が本来的に備わっているのも、まちがいないところです。これこそが、動物にあらざる、人間独自の特性なのでしょう。

このように人間は、動物と違って、文化や芸術や科学などを何よりも（場合によっては人命よりも）尊重するという特性をもっています。それは、探検的な性向という形でも現われます。これらのことを人間がいかに重視しているかは、世界史をひもとけば、すぐにわかるでしょう。エベレスト初登頂や新元素の発見など、実利的な側面から見るとどうということはないことが、人類史の中で非常に高く評価されるのです。

そのため、このような未知や未踏の課題にとり組むことの喜びは、自分が人間であることを実感させてくれる、きわめて重要な営みなのでしょう。だからこそ、内心はこうした人間の根源的幸福を、全精力を傾けて否定しなければならないことになるわけです。

幸福否定による現象③　自他の愛情を受け入れようとしない

マリッジ・ブルー

動物には人間のような家族はないようですし、人間のような愛情もなさそうです。ニホンザルは、自分の子どもに食べ物をあげるようなことはまちがってもしないとされますし、チンパンジーでも、母親が自分の子どもに食べ物をあげる場合には、食べかすのようなものにほぼ限られることが観察されているからです。それに対して、人間の場合には、どの文化圏にも、一夫一婦という形の夫婦がいますし、子どもを伴って家族を形成してもいます。人間に見られる愛情は、動物としてはきわめて特異なもののようです。

愛情という感情は、本来的に両方向性のものです。つまり、他者との間に愛情関係が成立している場合を考えるとわかるように、自分から相手に対する愛情と、相手から自分に対する愛情のふたつが存在するからです。では、ここに幸福否定が働くと、どうなるのでしょうか。

幸福否定は、喜びが大きい部分に働きやすいので、自分から相手に対する愛情よりも、相手から自分に対する愛情のほうが、喜びが大きい分だけ否定されやすいことになります。言うまでもありませんが、愛情の否定は、親子や夫婦の間でも起こりますし、親密な間柄にある同性同士や異性同士の間でも起こります。

一般に、恋愛、結婚、出産、育児という、人類が存続するために必要不可欠な一連の行為や、それに伴う感情に対しては、女性のほうが、男性よりもはるかに強い関心を抱いています。それは、花嫁に憧《あこが》れる女の子はたくさんいるのに、花婿にあこがれる男の子はまずいないという事実を考えればわかるでしょう。政治的には、男女の平等ということが謳《うた》われますが、生物としての男性と女性は、文化的な影響を受ける前から、既にかなり違っているのです。

そのため、いちばん好きな異性と一緒にいるのを、意識の上で苦痛に感じる女性は、男性の場合と違って少なからずいます。ある女性は、高校生の時、憧れの男子生徒と席が隣り合わせになったとたんに、緊張がおさまらず、勉強どころではなくなったそうです。話をするわけではないのに、席に着いているだけで苦痛になったため、担任に頼んで席を換えてもらったということでした。

別の女性は、恋愛関係になった相手の男性と、ある程度以上に親しくなるのをいつも恐れていて、その限界を越えて親しくなりそうになると、相手が嫌がることを積極的にすることで、相手が自分から離れていくように仕向けていたそうです。また、結婚に対する抵抗が強い女性の場合には、結婚できないような相手をあえて選び続けることがあります。その時に選ばれやすいのが、妻子のある男性です。意識の上ではそのつもりはないとしても、結果的にはいつもそうなってしまうのです。

また、ある女性は、交際している男性との結婚を考えていました。では、その男性からプロポーズされたらどうするかと尋ねたところ、この女性は、「まず断ります」と即答しました。別の女性は、そのような拒絶を何度も繰り返したそうですが、相手の熱意があまりに強かったため、ついに断り切れなくなり、やむなく結婚を承諾したのだそうです。その女性は、今があるのは夫がめげずにプロポーズを繰り返してくれたおかげだと言っていました。

このように、愛情を否定する傾向の強い人の場合には、いちばん好きな相手と結婚するのが難しいため、むしろ二番目、三番目に好きな人と結婚したほうが居心地がよく、問題が起こりにくいことになります。実際にも、そのような選択をする女性は、それほど珍しくないようです。

では、いちばん好きな相手と結婚した場合、どういうことになるのでしょうか。マリッジ・ブルーと呼ばれる症状は、その時に出ることが多いのです。これは、結婚に関連して出現する、うつ状態を中心とした心因性の症状という意味です。単なる同居で出ることはほとんどないようなので、やはり晴れて結婚することの喜びは、一般に大きいということなのでしょう。そして、その〝罹患者《りかんしゃ》〟は、ほとんどが女性なのです。

ある女性は、〝家格〟の違いのため、双方の親の反対に遭い、駆け落ち同然にして今の夫と同居を始めました。ところが、そこまでして一緒に生活するようになったのに、うつ状態と体調不良のため、その後はいつもふとんの中から夫の出勤を見送っていたそうです。これが、典型的なマリッジ・ブルーでしょう。

そのような事情から、相手とあえて別居や離婚をして、距離を置きながらそれまでと同じ関係を続ける夫婦や元夫婦もあります。そうすると、同居していた間は家庭内暴力が絶えなかったとしても、そのような問題はほとんど解消するのです。むしろ、手をつないで歩いたり、おそろいの服を着たりして、同居していた時よりも仲むつまじくなる人たちもいるほどです。にもかかわらず、元の鞘《さや》に収まると、すぐに同じ状態に戻ってしまうのです。

ついでながらふれておくと、家庭内暴力は、ほとんどが男性によるものということになっています。確かに統計上はそうなのでしょうが、実際には女性による暴力も、世間で思われているほど少なくはないようです。中には、男性ががまんしてしまうせいか、かなりひどい例もあります。にもかかわらず、あまり一般に知られていないのは、被害に遭っている男性が、表ざたにするのを嫌うためでしょう。

とはいえ、最愛の相手がいながら、しかも相手から愛情を表明されているにもかかわらず結婚できない場合のほうが、はるかに問題が大きいでしょう。これらについては、どのような対応をすればよいのでしょうか。

マリッジ・ブルーは、強い意志によるものではありますが、ひとことで言えば、結婚による幸福感を意識で感じないようにしているだけのことですから、その幸福な気持ちを意識の上に引き出せばよいわけです。最愛の相手となかなか結婚できない場合も、それが実現した時の喜びを、同じく意識に引き出せばよいことになります。

そのためには、「結婚してうれしい」など、自分にとって抵抗の強い感情を作る努力を重ねればよいでしょう。この〝**感情の演技**〟という、抵抗に直面するための強力な方法については、既に何度かふれていますが、次章で詳しく説明します。

感情の演技は、実際にやってみるとわかりますが、さまざまな反応が出ることもあって、非常に苦痛なものです。感情の演技を繰り返すことで、意識が抵抗に直面し続ければ、問題は自然に解消していくのですが、それを続けるのが困難なところに、この種の問題解決の難しさがあります。

それに対して、抵抗を減らすような努力を重ねることなく、単にマリッジ・ブルーをやり過ごしただけの場合には、しばしば次のハードルが待ちかまえています。それは、いわゆる不和や別居や離婚ということかもしれませんし、次のマタニティー・ブルーという症状かもしれません。

マタニティー・ブルー

現代では、医療技術が進歩したおかげで、出産に伴う危険は大幅に小さくなり、身体面での心配はほとんどなくなりました。ひと昔前までは、女性にとって出産は、命を落としかねない、かなり危険なことだったのです。

その反面、現代では、出産に関係して、心理的な問題がきわ立って見られるようになりました。そのひとつが、**マタニティー・ブルー**と呼ばれる症状群です。

精神科関係者の間では、妊娠中はほとんど問題は起こらないが、出産直後は再発の危険が非常に大きいと言われてきました。精神疾患をもつ人たちの場合には特にそうで、発病してから後の産褥期《さんじょくき》（出産後の6〜8週間）では、その再発率が、わが国の場合、40%以上の高率にのぼっているそうです（『新版精神医学事典』〔弘文堂〕二七三ページ）。それどころか、イギリスでは、それが87%にも達しているという驚くべき報告もあります（Garfield *et al.*, 2004）。これは、とうてい無視できる数字ではありません。

精神疾患も含め、産褥期に起こる精神障害は、最近では一括して〝産褥期精神障害〟

と呼ばれるようです。そこで想定されている病気には、精神病ばかりでなく、うつ状態や心気症などのノイローゼ群も含まれます。

したがって、昨今の分類によれば、マタニティー・ブルーは、広い意味での産褥期精神障害のひとつということになります。マリッジ・ブルーは専門用語になっていないようですが、マタニティー・ブルーは、心身医学事典や精神医学事典にも、項目として掲載されている、れっきとした医学用語です。

女性にとって出産は、人生における最大級の出来事で、特に最近のように生涯出産率が非常に低くなっている時代には、多くの子どもを産んでいた時代と比べると、その喜びは格段に大きいはずです。

イギリスで行なわれた調査によれば、妊娠を喜び、妊娠後半に幸福感を強く感じていた女性のほうが、それ以外の女性よりも、産後のうつ状態をはるかに起こしやすいこと（64％対24％）が判明しています（ドールトン、一九八二年、九九ページ）。また、長期にわたって不妊治療を続けてきて、ようやく妊娠した女性が、出産後、マタニティー・ブルーに陥ってしまうこともあるそうです。

とはいえ、このような〝状況証拠〟だけでは、各人のマタニティー・ブルーを心因性の症状と断定することはできません。ホルモンのバランスの乱れなどをその原因と考える専門家が多いからです。そのため、実際に「**心理的原因**」を探ってみて、それにより症状に変化が起こるかどうかを確かめるという方法が、いちばん確実です。

人生には、節目とも言うべきものがたくさんあります。出産とそれに続く育児の場面では、その節目に関係して次のようなさまざまな出来事が、計画の一環としても起こりますし、偶発的にも起こります。

- 出産と、それにまつわる家族の動き
- 入院・退院とそれにまつわる家族の動き
- 産後の家族との関係
- 子どもと感情の交流が始まる
- 子どもの離乳と、離乳食の用意
- 子どもが言葉らしいものを話す

・子どもが立って歩く
・子どものおむつが外れる

これらの出来事と症状が時間的に近接しており、その出来事の記憶が消えていれば、そこで幸福否定が起こっている可能性が高いことになります。

それに対して、「これが原因だ」と思うものは、絶対にと言ってよいほど、その時の症状の原因ではありません。また、幸福否定から症状が出るわけですから、悪い出来事は論外ですし、よいことであっても、意識でうれしさが感じられるようであれば、それは原因とは無関係です。

たとえば、子どもが初めて自分を見て笑った直後に症状が出ていて、その記憶が消えていることがわかれば、子どもが自分にそのような働きかけをしたのを見たことが原因に関係している可能性が高いでしょう。そのことを思い出した時に、症状が消えるか薄れるという変化があれば、それが原因である可能性はますます高くなります（このような心理的原因の探りかたについては、次章で詳しく説明しますので、具体的にはそれを参考にしてください）。

子どもの虐待

マタニティー・ブルーとして一括される症状群は、子どもの成長に伴って、育児との関連で起こるものが次第に多くなります。人間を含めて、子育てをする高等動物の場合、母親は、子どもを、いわゆる母性本能に基づいて育てます。

では、**母性本能がありながら子どもを虐待するという、動物として不自然な行動を人間がとるのはなぜなのでしょうか**。

厚生労働省が公表している調査結果によると、子どもの虐待をするのは、7割近くが実母です。そして、残る3割のうち、2割弱を実父が占めています。義母が虐待するようなことはほとんどないということです。アメリカでも、事情は似たようなものです。

では、これは、母性本能が壊れた結果と考えるべきなのでしょうか。

人間の場合、本能的なものが基盤にあるとはいえ、意識が明瞭《めいりょう》に浮上するようになった結果、かなりの部分が意識に任されるようになっています。そこに、内心が関与して問題が発生する余地があるわけです。ついでながらふれておくと、人間の場合には、ほかにも、もうひとつ特殊事情があります。それは、周囲から隔絶された家族の中で子育てを行なうことと、父親や、場合によっては祖父母が子育てに加わることです。

「しつけ」は、おそらく本能に由来する行動で、それが折檻《せっかん》と言われるほど厳しいものであっても、子どもの将来を考えた正常の枠内に入る行動です。第二次大戦後まもない時期に生まれた私の世代は、いたずらをしたりすると、叩《たた》かれたり、押し入れに閉じ込められたり、食事を抜かれたり、果ては灸《きゅう》をすえられたりなど、現代なら自動的に虐待と分類される折檻を日常的に受けてきました。しかし、それは、〝トラウマ〟どころか、懐かしい思い出になっているだけです。

それに対して、「虐待」は、子どもの将来を考えた結果ではなく、ほとんどは子どもの成長の喜びの否定によるものです。一般に考えられているように、しつけの厳しいものが虐待になるわけではないのです。

次の事例を見ると、そのことがよくわかるはずです。

幼少期から父親にひどい虐待を受けたという三〇代前半の女性。ひとり息子がかわいいと思えず、そのため、その世話もほとんどせず、息子が一歳になる少し前から虐待を始めた。それ以降、おむつを替えることも、子どもが夜泣きした時に世話をすることもほとんどなくなった。この女性は、ひとりで早々に寝てしまい、三交代勤務で疲れて帰宅する夫が、アトピー性皮膚炎で全身をかゆがる息子の体をかいてあげながら寝かしつけ、朝まで一緒に眠る。

ある日、いったん鎮まりかけていた息子への虐待が激化した。子どもを見ていると、何かよくわからないまま、怒りが急に湧き上がり、大声でどなりつけたり叩いたりしたくなるのだという。そして、それをそのまま実行に移してしまう。

しかし、冷静になると、息子がかわいそうだという気持ちも起こらないわけではない。現に大きな車を買ったのは、子どもを乗せて遠出をしたいからであった。

虐待が激しくなった前後の状況を、この女性の同居する母親に聞いたところ、その子がひとりで立ち上がったという、まさに記念すべき出来事の直後らしいことがわかりました。そこで、私はその出来事と虐待の間には関係があるのではないかと、母親を通じて、自宅にいる本人に指摘しました。その出来事が虐待の激化に関係しているとすれば、その記憶が消えているはずです。

母親は、私の指摘をまちがいなく本人に伝えてくれましたが、本人はそれを聞いた直後に、またその記憶を消してしまっていました。一方、夫からは、この原因に関係する重要な証言が得られました。息子が初めて立った姿をビデオに録画することができたので、それを見逃した妻にそのビデオを見るよう勧めたのだそうです。すると、その直後から、虐待が始まったということでした。

その後に確認したところ、この女性は、ビデオのことも、息子がひとりで立ったことも、ほとんど覚えていませんでした。そのことにまるで関心を示さなかったと言ったほうが現実に近いかもしれません。子どもに対する虐待は、そのことをあらためて指摘した後にいったん収まっています。

このような事例は、この女性が父親から受けた虐待の〝世代間連鎖〟の結果とされることが多いわけですが、子どもの成長の喜びの否定が原因ということになると、そうした説明の無意味さがよくわかるはずです。

別の女性から、その出来事の直後に聞いた事例も、興味深いものです。それは、母の日の翌日にあった心理療法の中でした。この女性は、小学4年生の娘から、母の日のプレゼントとしてカーネーションを初めてもらったのだそうです。すると、いきなり怒りがこみあげて、「何でこんなむだ遣いするの」とどなりつけたのです。当然のことながら、娘は泣き出しました。そこで、反応を使って確認したところでは、この女性は、娘がそこまで成長し、愛情を素直に表現してくれたことがうれしかったのでした。

母親から受けた虐待の体験を克明に描いた著書で世界的に有名になった、デイヴ・ペルザーの一連の著作を見ると、同じような例がたくさん出てきます。その中でも、特にひどい虐待のきっかけになったのは、小学校の担任が母親に宛てて書いてくれた、デイヴをほめ讃《たた》える手紙を、デイヴ自身から見せられるという出来事でした。それを読んだ母親は、デイヴに向かって激高したのです。これが、母親がデイヴを·it（それ）と呼ぶようになった直接のきっかけなのでした（ペルザー、一九九八年、一五八―一五九ページ）。

このような事例を見るとわかるように、特に、いちばんかわいいと思っている子ども（多くは、長子か最初の男児）が成長したり、人から認められたり、幸せになったり、自分を頼ったりすると、あるいは、何らかのきっかけで、自分がその子に愛情を感じたり、ついうっかりとその子を喜ばせるようなことをしてしまったことに気づかされたりすると、それによって**自分の中に湧き上がりかけた幸福感を、自分の意識にのぼらせまいとする心の動きが、無意識のうちに起こります。その結果として、子どもにつらくあたったり、体を傷つけたりすることになるわけです。**

意識の上に作りあげた自己像に沿った言動をしている間はいいのですが、うっかり素直な気持ちが出て、その自己像と相容れない行動や言動をしてしまうと、その記憶を消し、表出しかかった幸福感に水を差そうとします。だからこそ、いちばんかわいいと本心で思っている子どもに対して、虐待と呼ばれる行動を起こすことになるのです。

ここで重要なのは、**親自身の幸福否定の手段として子どもを虐待する**という点です。つまり、子どもに対する虐待を利用して、自分の幸福を否定しようとするのであって、子どもを虐待すること自体が目的ではないということです。

したがって、子どもへの愛情が強くなければ起こりえないものであり、どうしても遠慮が働く義理の関係の間では起こりにくいわけです。

ただし、ここには例外があります。それは、シングル・マザーとなった母親の恋人や内縁関係にある男性などの場合です。子どもを殺害してしまうほど激しい虐待をする男性の場合、そうした関係にある人物がかなりの比率を占めるのです。これは、愛情の否定が関係しているとしても、おそらくは、もう少し複雑なしくみによるものです。

虐待の場合のもうひとつの問題は、子どもの側にあります。虐待を受けながら、むしろ自分を責めたり、自分をかわいそうがって泣いたりはしても、**正当な主張**をすることで虐待行動を拒絶しようとはしないのです。はっきり拒絶すれば、激烈な虐待であっても止まる場合が多いことは、いろいろな実例で証明されています（たとえば、ペルザー、二〇〇三年、一〇八―一〇九ページ。Bryk, 1997, pp. 4-5）。

それは、いじめの場合も同じで、逃げればよいのに逃げなかったりするため、加害者側にとっても不本意なことに、相手を死に至らしめることになる場合すらあるのです。加害者は、たとえば周囲の挑発に乗ってしまい、自分を止めるに止められない状態になっているため、相手が抵抗したり逃げ出したりしてくれれば、それを口実にして加害行為をやめることができるので、むしろありがたい場合もあるわけです。

一方、子どもの側は、親が自分に向けてくれる愛情を、本心ではまちがいなく受けとっているにもかかわらず、**自分の幸福否定のために、その愛情を感じたことによるうれしさを否定しようとして、別の口実をつけて〝逆うらみ〟という感情を作りあげます。**

本心のレベルでは、互いにまちがいなく愛情を感じているのですが、現象面だけを見ると、親は特定の子どもを虐待し、それに対してその子どもが親をうらむという、みごとにつじつまの合った結果が生じることになります。このようにして、真の原因は完璧に隠されるのです。

幸福否定による現象④　反省を避ける

反省の本質とは？——麻原彰晃と林郁夫の事例から探る

誰の場合もそうなのですが、反省や修正を要する事柄を、自分の問題として考えると、どうしても甘い目で見てしまうものです。それに対して、同じ事柄であっても、他人を眺める場合には、問題点がはっきり見てとれるのです。「人のふり見てわがふり直せ」と言われるように、自分の客観視が難しいという事実は、昔からよく知られています。

他人のことについては、それが身内であっても、客観的で厳しい見かたが簡単にできるのに、自分を客観視するのはこのうえなく難しいものです。

人間は、幸福否定のために、懲りたり、困ったりするのを極力避けようとするわけですが、これは、深い反省を避けているということでもあります。では、幸福を否定することと深い反省を避けることは、どのようにつながっているのでしょうか。ここでは、反省の真の意味を考えるため、**地下鉄サリン事件の実行犯である、元医師の林郁夫《はやしいくお》と、その事件の首謀者とされる麻原彰晃《あさはらしょうこう》の事例**をとりあげ、ふたりの姿勢を比較してみることにしましょう。

林郁夫は、未決囚として拘留されている間に、自分の罪を徹底的に反省しました。それが偽りのものではないことは、その著書『オウムと私』（文藝春秋刊）を素直に読めばすぐにわかります。どのような部分がそれに当たるかについては、後ほど説明します。

その法廷で裁判長を務めた山室恵は、法廷で号泣する被告をほかに見たことはないそ

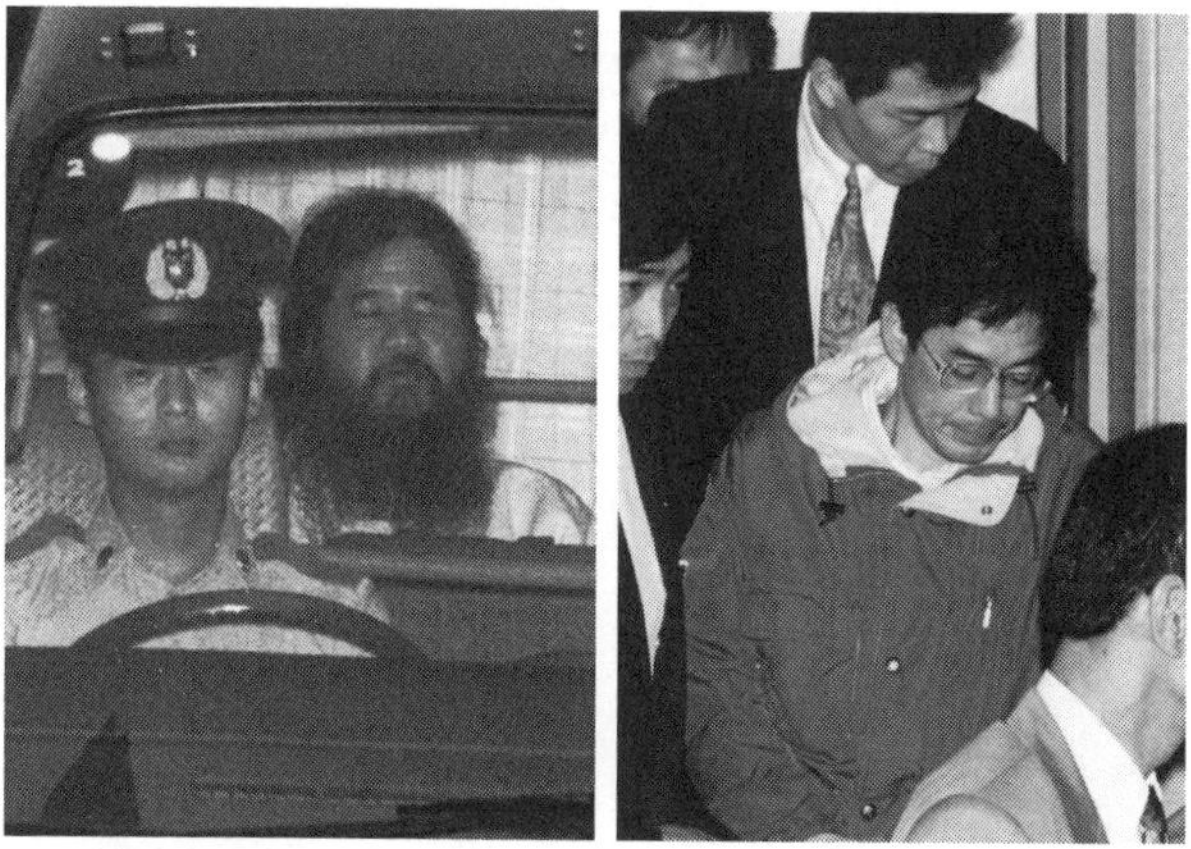

地下鉄サリン事件で連行される麻原彰晃と林郁夫（写真提供：アフロ）

うです。林は、その情状を酌量されて罪一等を減じられ、現在は無期囚として服役しています。

それに対して、麻原は、法廷で自らの罪を問われると、口を開いていた時期でもまともな発言はほとんどせず、宗教家としての矜持《きょうじ》すら完全に放棄して、それを全面的に否定するか、次のような不規則発言をしたのです。

「レーザーによる照射とか電撃を全部やめて欲しい。あなた方のデータを注入するイニシエーションを止めて欲しい」（江川、一九九七年、二三ページ）

「第三次世界大戦が起きているから、もう日本はない〔中略〕だから結局裁判はなく、〔私は〕自由であり、本当は子どもたちと一緒に普通の生活が出来るんです。昨日も坂本堤さんのお母さんや〔坂本弁護士の妻の〕都子さんのお母さんとも話したが、日本はもうないから、後は新しい生活習慣を探すしかないという話をしているくらいですから」（降幡、一九九九年、三〇七ページ）

さらには、法廷でさまざまな異常行動も示しています。たとえば、長々とひとりごとをいう麻原の前に、弁護人が交替で立って説得していると、麻原はそのうちの弁護人のひとりを妻に見立ててその名を呼びながら、「腕や胸を触りまくることに熱中しはじめた」（江川、一九九七年、二一二ページ）そうです。

しかし、こうした言動を間近から観察した、これらの報告をしているふたりのジャーナリストは、「麻原には異様な発言が多かったとはいえ、精神に異常をきたしているとは思えない」（同書、二四ページ）、「被告はその公判でも前と同じ、罪状否認『留保』の姿勢を変えなかった。法廷戦術上、その方が得策だ、という計算からだろう」（降幡、一九九九年、二八七ページ）というふうに、それらを精神病的な幻覚・妄想に基づく異常な発言や行動としてとらえるのではなく、正常な判断のもとに演じられた〝芝居〟と見ているのです。

この場合、ほぼ全員が、「麻原は、死刑を恐れるあまり、このような芝居を打って罪を逃れようとしている」という前提で話を進めています。それは、ごく常識的な着想ではありますが、本当に麻原は死刑を恐れているのでしょうか。そうすると麻原は、何年にも及んだ公判の間、周囲に見抜かれることも辞さずに、一貫してこのような演技を〝意識的〟に続けていたことになります。人間の意識は、そこまで強靭《きょうじん》なものなのでしょうか。

麻原は、明らかな「反応」を随所で示しています。あくびや眠りはかなり頻繁に見られたそうですし、それ以外にも、次のような興味深い身体反応が少なからず観察されているのです。

あるとき、かつての部下が証人として出廷し、教団の武装化に話が及んだ時、麻原は「顔をしかめ、首をがくがく前後に動かし出す。その動きは次第に大きくなり、上半身を上下に揺らし始めた。〔中略〕麻原は顔を紅潮させて、上下動を続ける」。〔中略〕それでも裁判長が審理を続けようとすると、「麻原の動作は飛び跳ねるほど激しくなった。〔中略〕この騒動の後、証人尋問は打ち切られ、後日続きをやることになった。閉廷が決まると、麻原の動きはピタリと止んだ」（江川、一九九七年、一八、一九ページ）

これらの反応は、私の心理療法の中でも時おり見られる古典的ヒステリー反応であって、その出現のしかたも、前章で説明した状況的対比に近いものです。これらの反応からすると、麻原の言動は幸福否定から起こっているようです。もし、麻原が恐れているのが死刑ではなく、**〝心からの反省〟**であるとしたら、一連の言動は、全く違う意味をもつことになります。そのように考えると、世間一般のものとは全く違う麻原像が浮かび上がります。

反省を避けようとするのはなぜか

麻原は、自分の罪を意識で認めざるをえない状況に追い込まれると、異常な発言や行動をしたり、ヒステリー反応を起こしたりしています。それは、自らの罪業を心底で完全に承知していなければ起こす必要のないものです。それに対して、冤罪《えんざい》の場合には、このような対応や反応は見られないはずです。

おそらく麻原は、幼児的な態度をとったり、異常な思い込みを抱いたり異常な行動を起こしたりすることで、「このように自分は、責任能力をもった一人前の人間ではない」と、自らの意識に言い聞かせようとしていたのでしょう。罪を認めるべく迫ってくる証拠や追及を、まさに万難を排して自分の意識が感知することのないように努めているわけです。その防御は、麻原の意識の側から見れば、ほぼ完璧に行なわれていることになります。

これらの一連の異常行動は、麻原が罪を逃れたいために起こしたものではなく、心からの反省をすることに、頑強に抵抗していることの現われと考えなければなりません。

罪を逃れたいだけであれば、黙秘をするなり、配下のせいにするといった態度を貫けばよいのであって、宗教家としての矜持を捨て去ったうえに、そのような異常行動を起こす必要はないからです。本人も意識ではわからないのでしょうが、「生死」よりも「反省を避けること」のほうが、麻原にとっては、はるかに切実な問題だということです。

一方の林郁夫は、自らの体験から、自らの責任や主体性が関係する問題について、次のように非常に貴重な証言をしています。ついでながら指摘しておけば、専門家には、ひとりの人間が、自らの生涯と引き換えに紡ぎ出したとも言うべきこのような証言を、真正面からとりあげて厳密に検討する責務があると思います。

教団が、地下鉄サリン事件を起こす数日前のことでした。公証人役場事務長の拉致《らち》に伴う処置について報告した際、麻原がふと漏らした「坂本のときはうまくいったんだがな……」という言葉を耳にした瞬間、林は、麻原が信者たちに命じて坂本弁護士一家を拉致させたことに初めて気づきます。

同時に、「まさか、ウソをいっているんだろう！」と思いました。〔中略〕私は聞こえなかったことにしなくてはというように、とっさに思ったようです。〔中略〕これを聞いたからといって、麻原を「くわせ者」と思った覚えはありませんでした。

この麻原の発言については、その後、考えたとか、思い起こしたという記憶はまったくありません。〔逮捕後に、すべてを話してから、もう他に覚えていることはないか、と取調べ官に質《ただ》された時に思い出して話すまで、その記憶は消えていた。〕その後も、弁護人と、平成八年五月前後に麻原の証人尋問に備えて、麻原が私を地下鉄サリン事件の実行犯に指名した理由を分析していった時、ふと思い出すまで、また忘れ去っていたのです。

このエピソードは、やはり私にとって掘り返すのが嫌なものの一つでした。努力して掘り返そうと自らに声をかけても、結局、心が嫌がってしまいました。〔林、一九九八年、三七九、三八三、三八六ページ〕

ここが、林が自分の中で崇めてきた、〝最終解脱者〟たる絶対的権威と、自分本来の判断の基盤となる（教団に入るまでは、意識の上でも正しいと信じてきた）世間的良識とが真っ向から衝突する、いわば天下分け目の戦いの最前線です。自分の耳で聞いた事実を優先すれば、自らの心の中で、麻原という権威が完全に失墜することになります。ここで林は、一世一代の選択を迫られたわけです。

権威の命ずるままに自分がとってきた行動を、それまで通り無批判に続けていくのか、それとも、この地点で立ち止まり、自分本来の（つまり、自分がそれまですべてを委《ゆだ》ねてきた教団ではなく、世間と共有すべき）判断に照らして正視するのかという、人生最大の岐路に立たされたということです。

自分にとって「掘り返すのが嫌なもの」すなわち、**自らに反省を強く迫る記憶は、この引用文にあるように、積極的に自分の意識から覆い隠そうとするため、いったん思い出しても、繰り返し消えてしまうことが少なくない**のです。このことからもわかるように、記憶が消えるのは、幸福感をもたらす出来事のほかに、反省を迫る出来事も含まれるということです。

麻原のひとことで、林は、すべてが自分の思い込みの上に成立していたことを認めざるをえない状況に陥ったわけです。その時、「何もなかったことにするしかなかった」（同書、三八三ページ）のは、〝マインド・コントロール〟によって起こるとされる受け身的な過程ではなく、麻原という権威を自らの中に何としてでも護持しようとする、明らかに積極的な心の動きによるものです。この種の現象は、自分が権威と崇めるものを考えればわかるように、程度に違いがあるだけで、誰の場合にもごくふつうに起こります。

そして、ここが最も重要なところなのですが、実はこれは、権威と自分との対決ということではありません。その権威も、自らの「思い込みの上に成立」しているものにすぎないわけですから、すべては自分の中での対決であり、つまりは、**自分の意識と内心の対決**ということになるのです。どこまでも独り芝居だということです。

記憶が消えていた出来事やそれに伴う心の動きを、全くの独力で探り出すことは非常に難しいのですが、そのことを考えると、林の反省は、きわめて深く偽りのないものだったことがはっきりとわかります。

真の意味での反省は、人間にとってきわめて厳粛なものです。そして、犯した失敗や犯罪が重大なものであればあるほど、あるいは罪が重ければ重いほど、深い反省を迫られます。そのような境地に達した林は、自著を次のような言葉で結んでいます。

このような言い方をするのは不遜《ふそん》ではありますが、私が今死ぬ前にせめてこのような人間らしい気持ちだけでも取り戻せたのは、そのきっかけを与えてくださった〔自分が撒《ま》いたサリンで死亡した〕高橋さん、菱沼さんのおかげだと思っております。（林、一九九八年、四九四ページ）

これは、一見するとまさに「不遜」と受けとられかねない発言でしょうが、それをここまで明言できるのは、人間としての絶対的自信が、深い反省を通じて意識に表出した結果なのでしょう。加害者が、真の反省を通じて根底から変革したことを知れば、周囲の人びとは、被害者やその遺族を含めて、それを心から喜ぶに違いありません。

このように、**苦しいはずの反省の先には、不思議なことに、人格や品性の向上が、つまりは真の喜びが待ち受けています。これが、反省の本質です。**被害者が自分の命を投げ打ってまでして与えてくれた絶好の機会を、麻原のように、ほとんどの重罪犯がむざむざと放棄するのは、人格と品性の向上をもたらしてくれるはずの反省を、自らの幸福否定の誘惑に負けて、苦しいものとして避け続けた結果なのです。

第4章 幸福を素直に受け入れるための方法

――〝感情の演技〟

私の心理療法の目的と方法

これまで、多種多様な事例を通じて見てきたように、幸福否定の結果として起こった、心因性症状を中心とするさまざまな困難を抱えて、それなりに困っている人たちはたくさんいるわけです。そのうちのごく一部の方がたが、いくつかの経路をたどって私の主宰する「心の研究室」を訪れます。ここでは、〝幸福否定〟という、このうえなく頑強な無意識的意志を弱めるための、独自の心理療法を行なっています。

ただし、この研究室の真の目的はそうした心理療法自体にはありません。そう言うと、ほとんどのクライアントは嫌がるのですが、あえて研究室と呼んでいるゆえんがあるのです。

心の研究室は、人間の心のしくみを、科学的方法を使って探り出すことを目的として、一九九六年四月に開設されました。したがって、二〇一六年四月で満二〇年になりました。ここでは、心因性疾患や心の本質を、反応という客観的指標を使ってクライアントと一緒に探り出そうとするのですから、クライアントは、従来的な患者―医師という関係とは違って、共同研究者のような位置づけになるでしょう。治療者がクライアントを施療するという一方的な依存関係ではないのです。

心因性疾患の真の原因が突き止められない限り、本当の意味での心理療法などできるはずはありません。ですから、心の本質の探究を目的にしているとしても、その結果として、事実に即した、精密な理論が構築されるとともに、技法も洗練されることになります。そのため、クライアント側からしても何の問題もないでしょう。

心の研究室では、幸福否定の理論に基づいて、**〝感情の演技〟という方法を中心にした心理療法**を行なっています。具体的な方法は後ほど説明しますが、要するに、うれしいという感情を中心に、素直な感情を作ってもらうのです。それによって、幸福否定の意志を弱めようとするわけです。これが、感情の演技という方法です。身体的な演技のように、感情を作る努力をするという意味です。

訓練の場合には、少しずつ上達することが実感されるものですが、感情の演技では、それとは違って達成感がほとんどありません。しかも、幸福否定の意志はとてつもなく強いので、長い年月をかけても、ごくわずかずつしか弱めることはできません。さらには、その好転も、他人からはわかっても、本人の意識にはほとんど自覚されないため、はりあいというものがほとんど感じられないのです。

それに加えて、感情の演技をすると、それてしまわない限り、反応というものが例外なく起こります。先述のように反応は、それが表出すること自体に治療効果があるわけではありませんが、その感情の演技のやりかたが正しいことを教えてくれる目印になります。反応の強さはさまざまで、場合によってはかなり激しいこともあります。その場合には、治療というよりは、むしろ修行のような感じにすらなるでしょう。

とはいえ、反応がなるべく強まる方向へ感情の演技を繰り返してゆくと、幸福否定が少しずつ弱まり、それと並行して素直な感情が表出するようになります。これを比喩的に説明すると、川の急流を遡《さかのぼ》って行きさえすれば、必ず水源に行き着くことができるので、それ以外の舵《かじ》とりは不要ということになるでしょう。

ただし、その成果が意識で実感される部分は少なく、主として行動の変化という形で現われます。その結果、前章で見てきたような、幸福否定の意志によって引き起こされる症状や現象を作る必要性も小さくなります。ただし、このように行動の変化が先行し、意識がかなり遅れてついていく形になるため、私が〝好転の否定〟と呼ぶ状態に陥ることがしばしばあります。これについては後ほど説明します。

感情の演技によって抵抗に直面する作業を続けていくと、症状が好転するだけでなく、それまでどうしてもできなかったことが苦もなくできるようになることを含め、全般的に前向きになるという変化が自然に起こります。わかりやすい例をいくつかあげておきましょう。

〝感情の演技〟によってどのような変化が起こるのか

実例をあげる前に、ひとつ説明しておくと、個人の進歩には段階のようなものがあります。そのため、同じ言葉で表現されるとしても、意味が全く異なることがあるのです。

たとえば、「趣味には関心がない」という言葉で表現される場合でも、自分を楽しませることに抵抗がある結果として趣味に関心が向かないという段階の場合と、自分を楽しませる段階はとうの昔に過ぎて、趣味をもつこと自体を超越した段階の場合とがあります。したがって、抵抗のために趣味がもてない人の場合には、いったん趣味をもつようになってからでなければ、趣味に関心がなくなる段階には到達できないということです。

では、仕事に関連するものと私生活の中で起こるものにいちおう分けて、抵抗に直面することによって起こる変化の実例を、起こりやすいものから順に列挙してみましょう。ただし、個人差が大きいうえに背景もさまざまなので、必ずしもこの順に起こるわけではありませんし、誰にでも当てはまるというものでもありません。

仕事に関係して起こる変化

- 周囲からの評価を素直に喜べるようになった
- 部下に注意できなかった人が、当然のように注意できるようになった
- これまで会議の席上で発言できなかった人が、まわりに気がねして誰も言おうとし

ないことまで、自然に言えるようになった
・それまでよりも仕事に積極的にとり組めるようになった
・必ずといってよいほど遅刻していた人が、遅刻しないようになった
・連絡などの業務を先延ばしにしてなかなかできなかった人が、すみやかに手をつけられるようになった
・締切りまぎわにならないと仕事に着手できなかった人が、計画に従って、自発的にできるようになった
・勝ち負けや評価に、あまりこだわらなくなった

私生活の中で起こる変化①　行動的側面

・自分を楽しませることが素直にできるようになった
・食べ物の好き嫌いの激しかった人が、好き嫌いがあまりなくなった
・電気を消して寝ることができなかった人が、消してから寝られるようになった

・買ったものがなかなか使えなかった人が、すぐに使えるようになった
・妻や夫に不満を感じることがなかった人が、それを率直に表明できるようになった
・寝る寸前まで自分の部屋に入れなかった人が、自室でくつろげるようになった
・入学や入所をしているにもかかわらず、自動車教習所やスポーツクラブなどにどうしても行けなかった人が、自然に通えるようになった
・自室の机で勉強や仕事ができなかった人が、自然にできるようになった
・自宅の、あるいは自室の片づけができなかった人ができるようになった
・全体としてだらしのない状態がなくなった
・自分が本当にしたいことが、ある程度にしても素直にできるようになった

私生活の中で起こる変化②　心理的側面

・不満やうらみを解消させ、相手に対する愛情を素直に認めるようになった
・自分をみそっかす的存在と位置づけてきた人が、ある程度にせよ自分自身を評価で

きるようになった

・偏屈だった人が、他人や自分に対して寛容になった

・それまで、ある程度以上は人と親しくなれず、いつも対人関係を絶ってしまっていた人が、相手と自然に親しくなれるようになった

・自分が本来もっている能力を多少なりとも発揮するようになった

・人格の向上を目指すようになった

この中には、体験を共有していないと、理解しにくいものもあるはずです。たとえば、「自分を楽しませることが素直にできるようになった」という項目を見ても、自分を楽しませることほど簡単なことはないので、そんな人がいるはずはないと思う方がいるかもしれません。ところが、第1章でふれておいたように、自分の好きな食べ物に手を出すことができないとか、自分の買いたい物がどうしても買えないなどという人は、それほど珍しくないのです。

あるいは、入浴するつもりで、毎晩、浴槽にお湯を張っているのに、いつも眠ってし

まったり、別のことをしてしまったりして、どうしても入浴できない人も、これまであまり知られていないだけで、おそらくそれほど珍しくありません。その場合、入浴が面倒だと思っているのではなく（面倒だと思っていれば、そもそも用意をしません）、入浴したいのにどうしてもできないのです。そのため、毎晩、浴槽に張ったお湯の分だけ、水道代やガス代や労力がむだになるわけです。

また、自動車教習所やスポーツクラブや外国語学校の〝登校拒否〟と言うべきものも少なからずあるのですが、世間ではあまり知られていないようです。この場合も、行こうとすると、ふつうの学校の〝不登校〟の場合と全く同じ症状が出ます。自分で通いたくて、あるいは資格を取得するために入ったはずなのに、そのままでは高額の費用が完全にむだになってしまうわけですが、それでも通うことができないのです。しかも、毎月、会費が口座から自動的に引き落とされている場合でも、退会することもできないまま放置してしまいます。

このような行動異常が解消するまでには、やはりそれなりの時間がかかります。

そうした行動が変化するとしても、第1章で説明しておいたように、〝気づき〟を得た結果ということではありません。**感情の演技をひたすら繰り返せば、それだけで、症状が弱まったり消えたりするなどの好転や、前向きな行動ができるようになるなどの進歩が自然に起こるのです。しかも、それは、心理療法をやめても後戻りすることがありません。**

また、私の心理療法では、〝宿題〟として感情の演技をすることは求めますが、それ以外には指示的なことはいっさいありません。

よいことずくめのように感じられるかもしれませんが、そうではありません。このような進歩が起こるのと並行して、「進歩したことのうれしさを否定する」ことで症状を出現させるという現象が起こる場合が多いからです。これが、後ほど説明する〝好転の否定〟という現象です。

感情の演技のやりかた

では、〝感情の演技〟とはどのようなものかを詳しくみていくことにしましょう。やりかたは実に単純です。

① 2分間ずつ自然な感情を作る

最初の段階では、多くの人に当てはまりそうな、「病気が治ってうれしい」、「職場で評価されてうれしい」、「家族と一緒にいてうれしい」などという自然な感情を、2分間ずつ繰り返し作る努力をします。うれしさを作ることがほとんどですが、「母親が死んで悲しい」というように悲しみを作ることもあります。症状の原因に関係する出来事が推定できるか確定されている場合には、「(そのことで)うれしかった」でもよいでしょう。

このような感情なら簡単にできると思われるでしょうが、そうではありません。悪い感情は簡単に作れますが、素直な感情は、作るのが非常に難しいのです。論より証拠で、やってみればすぐにわかります。これも、人間の心にまつわる大きな盲点と言えるでしょう。

② 2分間の感情の演技を1日5回×2セットで繰り返す

回数については、試行錯誤の結果、5回をひとつの単位とするようになりました。2分間ずつ5回の感情の演技を、10秒程度の休憩を挟んで繰り返すのです。5回をひとつの単位にしているのは、ある程度繰り返さないと、集中が高まってこないからであり、それ以上続けても、今度は集中が難しくなるからです。

そして、1時間半の心理療法の中で、2単位（すなわち10回）の感情の演技をしてもらい、毎回、その時の感情の演技の内容を宿題にして、日常生活の中でも、1日2単位ほどを自分で繰り返してもらうのです。

感情の演技の典型的経過

感情の演技を初めてする場合、イメージを描く段階で抵抗が起こる人もいますが、イメージ自体は多少なりとも描けるものです。最初は、雑念が湧《わ》きやすいかもしれませんが、繰り返すにつれて、次第に集中が高まってきます。ただし、このあたりでも個人差が大きく、最初から強い反応を起こすような人もいますし、逆に、いくら続けても反応の出にくい人もいます。以下、多くの人に見られる経過を説明します。

最初は、どうしても空想的になるためでしょうが、感情が作れたと思う人もいます。ところが、そういう人でも、続けているうちに集中が難しくなり、感情がだんだんできにくくなってきます。それでもむりに感情を作ろうとすると、今度は、第1章で説明したあくび、眠気、身体的変化という反応が起こるようになります。

感情の演技を自力でする場合、ほとんどの人は、そうした反応が出る前にやめてしまうでしょうが、何単位かを続けて行なうと、反応はほぼ例外なく出るようになります。さらに続けると、反応はもっと強くなります。身動きもできないほど脱力感が強くなったり、腹痛や下痢が始まったり、急速に眠り込んでしまったりすることもあるほどです。現実の中で抵抗に直面した時と同じ反応が出るということです。

ところが、感情を作る努力をやめれば、そうした症状はたちどころに消えます。反応として鼻水が出ていても、一瞬のうちに止まるわけです。これまで何度か書いておきましたが、この対比的変化は、ストレス学説などの従来的な考えかたで説明することはできません。

感情の演技を効果的に行なうコツ

感情の演技を効果的に行なうには、コツがあります。それは、**感情を作るのがなるべく難しくなるような条件を設定する**ということです。一般的なコツは、目標とすることをできやすくするための工夫という意味ですが、感情の演技の場合には、抵抗が起こりやすくなるように、なるべく難しい条件を選んで行なうほうが効果的なのです。それは、感情を作ろうとする努力を通じて、幸福に対する抵抗に直面させることこそが、治療に直結するからです。

棒高跳びを例にとって説明すると、バーを低くすれば簡単に跳べますが、それでは実力は伸びません。実力を伸ばすためには、バーを簡単には跳べない高さに設定する必要があるのです。それが跳べそうになったら、バーをさらに高くします。具体的にどのようにするかについては、次項で説明します。

実際に素直な感情を作るのは非常に難しく、わずか2分であっても、最初は集中すら難しいかもしれません。何度か繰り返すと、集中はある程度できるようになりますが、それでも感情を作るのは難しく、先に述べたように、むりやり作ろうとすると、あくび、眠気、身体的変化という3種類の反応のどれかが出るようになります。

そうした反応を押して、むりやり感情を作る努力を重ねることが、そのまま治療につながるのです。そこが**自己暗示と全く違うところ**です。感情ができなければ治療に結びつかないのではなく、感情ができなくても、感情を作る努力を重ねてゆけば、自然に好転に向かうということです。**目的は、感情を作ること自体にあるのではなく、抵抗に直面することにある**からです。

感情の逃げ道をふさいでイメージを描く

「感情を作ってください」と言われても、どのようにしたらいいかわからない、という方も多いでしょう。ここでは、書店に入ると便意を催すという、〝青木まりこ現象〟として話題になった反応を起こす人を例にとって説明しましょう。以下の解説は、原因を精密に特定する手順とも共通しています。それについては、後ほど別項を設けて説明します。

まず、自分が書店や図書館にいるとして、そこで、自分が読みたい本を探している場面のイメージを描きます。なるべく現実的にイメージを描いてください。あくまで自分の目から見たイメージを描くのです。自分の姿をイメージの中に含めてはいけません。そのようなイメージでは、非現実的になってしまうからです。なお、姿勢は、横になって始めると眠ってしまうことが多いので、座った状態のほうがいいでしょう。集中さえできれば、入浴中などでもかまいません。その場合には、正確に2分でなくてもよいので、タイマーは不要です。

イメージを作る時、次のふたつの〝逃げ道〟をふさぎます。そうしないと抵抗に直面しにくくなるため、反応も出にくくなり、治療効果もほとんどなくなります。

逃げ道①　空想的、観念的にしてしまう

感情の演技といえども空想には違いないのですが、その中でなるべく現実的に感情を作ってください。そうしなければ、反応は出にくくなります。自分の姿をその場面に含めてしまうと空想的になって、抵抗に直面していないことになり、意味がなくなってしまいます。

逃げ道 ② 物語を発展させてしまう

感情の演技では、感情を作ることが直接の目的で、イメージはその手段にすぎません。ですから、書店に入って、まずどのコーナーに行って、次に何をしてなどと物語を発展させてしまうと、イメージだけに終始してしまい、感情を作ることから遠ざかってしまいます。

たとえば特定の棚の前で本を見ている場面を選んだら、そのイメージだけに固定します。そして、その場面を背景にして、「本が好きだ」「読みたい本を探したい」「読みたい本が見つかってうれしい」などの感情のうち、自分にとって難しいものを繰り返し作るようにするのです。それが書店に入る本来の目的に適った感情だからです。まれに、ふだんでもイメージが描けない人もいます。その場合には、自分がその場面にいるとして、感情だけを作るようにすればよいでしょう。

先述のように、この方法では、いくつかの候補を試してみて、最も感情が作りにくいものを選ぶのがコツです。作りにくいのは、「本が好きだ」かもしれませんし、「読みたい本が見つかってうれしい」かもしれません。少々乱暴な言いかたをすれば、いちばん作りにくい感情が、自分の意識で否定されている、無意識のレベルでは自分にとっていちばん素直な感情です。逆に、素直ではない感情は、抵抗がないので、原則として簡単に作れます。

心理的原因を絞り込んでいく方法

先述のように、感情の演技は、反応や症状の心理的原因を突き止めるための手段として使うこともできます。抵抗を呼び覚ますという点で、完全に共通しているからです。実際に心理的原因を探り出す方法は後ほど詳しく説明しますが、ここでは、〝青木まりこ現象〟のように、症状の出る状況が特定されている場合に、原因を精密に絞り込む方法を説明することになります。原因を突き止める手段として利用する場合、感情を作るというよりは、ふたつの事柄をむりやり結びつけるというやりかたを主に使います。これを、私は〝結びつけ〟と呼んでいます。具体的なやりかたは後ほど説明します。

ここで、原因を突き止める手段として使った場合の判定基準を、先に説明しておきます。そのためには、

・どの感情を作るのが難しかったか
・どの感情を作ろうとした時に最も反応が出やすかったか

というふたつの指標を使います。このふたつはだいたい一致します。つまり、作るのが難しい感情の場合には、反応も出やすいということです。

たとえば先ほどの、〝青木まりこ現象〟を起こす人であれば、「本が好きだ」という感情を作ろうとした時に感情が出たとすると、その人は、自分の意識で感じている以上に、本当は本が好きだと考えてよいでしょう。そのような人では、書店に入ったとたんに、

便意を含め、何らかの症状を出す可能性が高いはずです。

あるいは、「読みたい本が見つかってうれしい」という感情が作りにくく、その時に反応が出やすかったとすれば、その人は意識で感じている以上に、読みたい本を探し当てた時のうれしさが強いことになります。この場合には、書店に入った時点で症状が出るのではなく、店内をしばらく探し歩き、読みたい本が見つかったとたんに症状が出る可能性が高いことになるでしょう。

そうした推定が正しいかどうかを確認するには、次のようにします。たとえば先ほどの「本が好きだ」に抵抗があるとすると、自分が書店に入った時に便意が出るのは、次の理由によるのではないかと考えてみるのです。

① 本が好きなためだ
② それ以外の理由による

①の場合は「自分が書店に入った時に便意が起こる」という現象と、自分が「本が好

きだ」という感情を結びつけようとしてみるということです。②は、この場合、比較のための対照です。この推定が当たっている場合には、磁石の同じ極を近づけた時のような反発が起き、ふたつを結びつけることが難しくなります。それとともに、反応も起こります。

その場合には、②を考えた時には抵抗は起こらず、簡単に結びつけができるはずです。何度か繰り返しても同じ結果になれば、それで原因がほぼ確定されたと考えてよいでしょう。そして、「本が好きだ」という感情の演技を、今度は治療として続けるわけです。しばらく続けて、もし感情が少し作れるようになったら、その段階で抵抗の強い別の課題を探します。

ただし、中には対照のほうに抵抗が起こって結びつけができないこともあります。その場合には、「本が好き」ということ以外に、書店に入ったとたんに喜びが起こる別の理由を探さなければなりません。

他の可能性を探るヒントは、どのような書店で起こりやすいか、図書館や古書店ではどうか、買いたい本が決まっている時かどうか、誰かと一緒の時かどうか、時間帯は関係があるかなど、さまざまな条件に当たり、共通点を探し出すことです。その結果、買いたい本が決まっている時には便意が起こらないことがわかったとすれば、「自分が読みたい本を、たくさんの新刊書の中から探し出す喜び」の否定という可能性が浮かび上がるでしょう。

このように、いちいち反応を使って確認しながら、その人なりの心理的原因を絞り込んでゆくわけです。この場合、反応は嘘のように簡単に起こります。そのおかげで、反応は、肝心な事柄を探り出す際の非常に有力な目印として、かなり実用的に使えるのです。

逆に言えば、これほど明確な現象が、これまで全く知られていなかったことのほうがよほどふしぎに思えます。しかしながら、それもまさに抵抗の結果なのです。

感情の演技がもつ力

この心理療法では、1、2週間に1回程度の頻度だと、ある程度にせよ治療効果が見えるようになるまでにはたいていは半年前後はかかるでしょう（ペースは本人の意志に任せています）。ただし、その変化は、周囲にはわかるのですが、本人は、まさに頭隠して尻隠さずで、あまりわからないようになっています。私のこれまでの経験では、これには例外がありません。

軽重を問わず、治療目標とした症状が実際に問題にならなくなるまでには、最低でも二、三年程度はかかるようです。このように、ゆっくりとしか治療は進みません。しかし、治療をある程度まで続けた場合、中断しても後戻りすることはありません。その点も、他の心理療法と異なるところです。

感情の演技という方法は、自己暗示とは全く違いますが、信じがたいほど強力です。たとえば、統合失調症をもつクライアントでも、感情の演技を繰り返しただけで、完治といえる状態になる事例もあるほどです。その場合の完治とは、精神科で言う寛解《かんかい》状態（がんの場合と同じく、治癒がないとされる疾患で、いったん急性の症状が収まった状態）とは違って、薬が不要になるだけでなく、自発性や常識を発揮して、一般人と同格の仕事に就くようになるということです。

ただし、誤解を招くことのないように注意しておきますが、そこまでになるのは実に大変です。後述するように、好転するたびに自らそれを否定する〝好転の否定〟という現象が起こり、それまでなかったほどの異常行動にまで発展することが多いからです。暴力沙汰《ざた》などで警察が呼ばれたり、入退院を繰り返したりなど、想像を絶するほどの事態を何度となく乗り越えた後に、先に述べたような状態にようやくたどりつくわけです。したがって、重症例の場合には、最終的には完治するとしても、安易に勧められるたぐいの方法ではないでしょう。クライアント自身ばかりでなく、家族にも相当の覚悟が必要だということです。

感情の演技に関連して問題があるとすれば、ひとつには、独力では続けにくいということでしょう。言うまでもありませんが、それは、抵抗というものがあるためです。そのため、ヨガや座禅などと違って、感情の演技をしようと思っていたこと自体をいつの間にか忘れてしまうのです。にもかかわらず、やりかたを教えてもらえれば、あとは自分でやりますと口にしたクライアントがいたほどです。ヨガにしても座禅にしても、そのようなことを言ったら指導者から相手にされないでしょう。感情の演技については、なぜか簡単なものと思い込む人が多いようです。

ただし、適切な課題を選ぶのは難しいにしても、独力でそれを繰り返すことができさえすれば、時間はかかりますが、問題は少しずつ解消するはずです。

ところで、私が三十数年ほど前まで行なっていた、原因探究型の心理療法では、場合によっては長年にわたって続いてきたような症状でも、目の前で劇的に消えてしまうなど、めざましい効果がかなりの比率で見られました。学会で一例報告ができるほどの、まさに著効例です。これは、振り返って考えると、〝症状の退避〟と呼ぶべきものでした。真の原因に関係する出来事にちょっとふれただけで、手がかりを抹消してしまうかのように、おそらく内心が、症状を一瞬のうちに消し去ってしまっていたのです。

これは、私が心理療法を始めて間もない頃に繰り返し観察された現象です。いわゆる治療効果という点で、なぜこのような差が生じてしまったのでしょうか。このきわめて重要な問題に関心のある方は、ここでは詳述する余裕がないので、拙著『幸福否定の構造』第2～4章を参照してください。

それに対して、現在の方法では、そうした劇的な変化は絶対にと言ってよいほど起こりません。昔の治療法では、表面的な症状は消えても、根本的な点ではほとんど変化しませんでした。しかし、現在の方法では、人格の向上など、根本的な部分が徐々に変化します。それは、これまでの方法によっては得られないもののように思います。

「反応」がもつ重大な意味

ここまでの説明で、反応という現象の重要性がわかったと思います。次に、反応の種類と意味について詳しく説明することにします。

反応には、あくびと眠気と身体的変化の3種類があることは、これまで繰り返してきた通りです。感情の演技の中で起こる反応は、どれにしても、感情を作ろうとしたり、感情ができそうになったりすると起こりやすい傾向があります。この場合、急速に出現して急速に消失するので、非常にわかりやすいはずです。強い眠気の場合には、初回の面接であっても、2分間のうちに完全に眠ってしまうことすらありますし、あくびの場合、わずか2分の間に二十数回も繰り返された例があります。

それぞれの反応は、ほとんど例外なく互いに排他的に起こるわけですが、それは、おそらく、それぞれの反応の作りかたが違うことに加えて、その戦略が相互に異なるためではないかと思います。

身体的変化は、感情を作ることとは別の方向に気持ちをそらせるための手段であり、あくびは感情を作ろうとする意欲をなくさせるための手段であり、眠気は感情を作ることをじかに阻止するための手段だと考えてよいでしょう。

反応にも、当然のことながら、大きいものと小さいものとがあります。反応の大きさは、さまざまな要因によって違ってきます。要因の重要度が高い順に並べると、次のようになります。

①感情の演技の真剣度
②課題にした事柄の現実性
③自分から見た場合のその事柄の大きさ

具体的に言えば、①は真剣にやらなければ反応は出ないということです。②と③については、たとえば半年後に結婚を控えている人の場合で説明すると、「あした婚約者とデートしてうれしい」と、「その婚約者と結婚してうれしい」のふたつの感情の演技では、たいていの場合、「あしたのデート」のほうに抵抗が強いのです。出来事としては結婚のほうが圧倒的に大きいわけですが、現実性という点では、あしたのデートのほうが大きいために、逃げ道が少ないからです。

いずれにせよ、既に述べたように、**反応とは、幸福を否定しようとする心の層である内心が、そうした感情を作らせまいとして、一瞬のうちに自分の体を操って作り出す現象**ということになります。しかし、たかだか意識の上に自然な感情を作る程度のことが、どうしてそれほど大きな抵抗を生むのでしょうか。

ここには、まだ大きな謎があります。自然な感情を作ることが、化学実験の触媒のような働きをして、本心に潜む素直な感情が意識に引き出されてしまうのを恐れるためであるとしても、なぜそれが、説明されないうちから、誰にでも例外なくわかるのか、反応を出してでもその感情を作らないようにしたほうが得策だという判断を、内心がなぜ一瞬のうちに下すのかは、依然としてはっきりしないのです。

抵抗の強い課題では、感情を空想的に作ることができないばかりか、場合によっては言葉を唱えることすらできませんし、感情の演技の最中に、たとえば「合格してうれしい」という言葉が、「不合格になってうれしい」などと、抵抗の少ないほうに自然に変わってしまうことも少なくありません。ここには、言葉というか母語と心の結びつきの強さのようなものが大きく関係しているはずです。

反応は、きわめて再現性の高い心理的現象なのですが、これまでその存在が全くと言ってよいほど知られずに来たのは、ひとつには、このような形で操作的、組織的に感情を作らせようとする試みが存在しなかったためなのでしょう。

内心がしかける「幸福否定」のための隠蔽工作

反応も症状も、幸福の否定を続けるための隠蔽工作の手段として、自分の意識を操作する目的で使われるものです。内心は、自分の意識に幸福をもたらすはずの事柄が、自分にとって苦痛であることを自分の意識に証明する手段として、症状や反応を作る必要があるわけですが、**私の心理療法では、症状の存在を、トラウマのようなものの目印ではなく、その裏に幸福感が隠れている目印と考えます**。その結果、症状や反応の位置づけが、従来のものとは正反対になるわけです。

そのため、感情の演技の中で、内心が明瞭な反応を出してしまうと、その裏に幸福感が隠れていることが、自分の意識にわかってしまいます。したがって、「反応を出さなければいけない」という要請がある一方で、「出してはいけない」という正反対の要請もあるため、反応のジレンマが発生するわけです。特に、抵抗の強い部分にふれられた時、このジレンマに基づく内心による操作はきわ立ってきます。

その場合、内心は、主として次の4通りの戦略を使います。

1. 反応を出す範囲を多少なりとも拡大させる
2. 反応をほとんど、あるいは全く出さない
3. 反応を出したり出さなかったりする

4．反応を逆に出す

いずれの戦略も、どこが肝心な部分（本当に幸福を感ずるところ）なのかを、自分の意識にわからなくさせている、という点で共通しています。ただし、どの戦略にしても、感情の演技を繰り返していると続けられなくなります。いずれも、一時的に目くらましをする作戦としては有効なのですが、やはり、むりがあるのでしょう。内心としては、ふつうに反応を出すという従来的な戦略に戻らざるをえないということです。

いずれにせよ、反応や症状は、内心が必要に応じて意図的に操作できるものであることになり、外的な要因によって起こるものではないことがますますはっきりしてきます。

あまりにも強く抵抗する内心の力

私の治療法では、感情の演技を自宅で続けることを、毎回、宿題として求めています。心理療法を始めて間もない頃には、ほとんどのクライアントは、その宿題を一所懸命に続けます。ところが、2〜3ヵ月から半年が経ち、外から進歩が見えるようになると、多くの人たちは、宿題の内容ばかりか、宿題があったこと自体もほとんど忘れてしまいます。

それも、通常の忘れかたではありません。「心の研究室」を一歩出たとたんにその記憶が消え、次の心理療法に向かう電車の中で思い出したとしても、そのまま何もせずに来室する人たちが、かなりの高率にのぼるようになるのです。ヨガや瞑想の宿題であれば、それに要する時間ははるかに長いにもかかわらず、そのような形で忘れる人は少ないでしょう。

そして、心理療法に向かう時、不登校の場合に見られるのと同質の反応が出るようになるのです。これも、宿題を忘れるようになるのと同じ頃から起こり始めます。

抵抗がさらに強まると、場合によっては心理療法の予約そのものを忘れてしまうことすらあります。本人は、それを何とか防ごうとしてさまざまな工夫を凝《こ》らすのですが、それが功を奏することはあまりないようです。メモをとっておいても見ることはまずありませんし、カレンダーなどに転記しておいても、やはりそれを確認することがないのです。それどころか、転記する時点でまちがうこともあります。時には、違う日時に来室し、それを指摘されると、そこで初めてメモを見てまちがいに気づくという人すらあります。

三〇代半ばのある女性は、予約の翌日に来室し、やはりまちがいに気づいた時、「信じてもらえないかもしれませんが、私は今まで、こんなふうに約束を破ったことは、一度もないんです」と泣きながら訴えました。そして、次の予約をとって帰宅したのですが、次回もまた違う日に来ました。今度は、前回の失敗に懲りて、その日のうちに、次の予約の日時を夫に話しておき、前日や当日になったら教えてもらうことにしたのだそうです。ところが、夫に伝える段階で、既に日にちをまちがえていたのでした。

また、二〇代前半の男性に、いずれ抵抗が出て予約の日時をすっかり忘れてしまうようになることが多いので、その可能性をいちおう頭に入れておいてほしいと、心理療法を開始した当日に話したところ、男性は、「えっ、そんな非常識な人がいるんですか」と言ってひどく驚きました。ところが、その2、3ヵ月後には、この男性自身が抵抗を起こして予約の日時を完全に忘れてしまい、そのまま治療を中断させてしまったのです。

その後しばらくして、たまたま外来待合室で本人の姿を見かけたので声をかけました。本人の口からはなぜか先日の予約の話が出なかったため、ふしぎに思った私がそのことにふれると、「ああ、あれですか。忘れてました」と、悪びれもせず平然と答えたのです。

このような抵抗は、心理療法の進展に伴って、多かれ少なかれ、ほとんどのクライアントに出現します。そのため、その抵抗が乗り越えられない限り、心理療法の予約を破棄する形で、そのまま中断してしまう人もそれほど珍しくありません。

ところが、中断後しばらくして、治療を再開したいと思うようになる人が少なからずいます。ほかの治療の場合には、このような形で中断してしまうと、よほど低姿勢にならない限り治療の再開を求めるのは難しいし、そこまでして再開したいと思うこともないでしょうが、私の心理療法では、再開を望む人たちが少なくないのです。

とはいえ、そこから先が実に大変です。再開を考えるクライアントが予約の電話を入れようと思うと、すぐに気持ちがそれるということを、毎日のように繰り返し、電話ができないまま二、三年が過ぎ去ってしまうことすら珍しくないのです。中断後二年ほどして電話してきたある男性は、「(再開を依頼する) 電話をしようと毎日考えていたんですが、実際に電話するところまで続けて考えられたのは、今日が初めてなんです」と話してくれました。

内心による抵抗は、さらに強いこともあります。私に迷惑をかけて治療が中断してしまうことも時おりあるのですが、その場合、私は、その反省をきちんとすることを、再開の条件にしています。ところが、その反省ができないまま、いたずらに何年も過ごしてしまうことも、珍しくないからです。

本当は喜ばしい好転を否定するのはなぜか

私の心理療法には、もうひとつ大きな問題があります。これまで何度かふれてきたように、**治療が進み、自分の好転に多少なりとも気づくはずの段階になると、幸福否定の一環として、実際の好転を喜ぶことができないという状態に陥るのです。**まず、意識の上では何が起こったのかわからないまま、自分の好転を教えてくれる出来事の記憶が、まさに自動的に消えてしまいます。同時に、好転によるうれしさの否定のため、それなりに強い症状が出るのです。この大変奇妙な状態を、先述のように、私は、**好転の否定**と呼んでいます。

この場合、好転したことを指摘されると、圧倒的多数がそれを素直に喜ぶどころか、好転そのものを否定します。ただし、その時点で起こっているすべての好転を否定するわけではありません。認める部分もあるにはあるのですが、それは、小さな好転に限られます。大幅に好転したところについては、「頭隠して尻隠さず」と言われる通りで、他者からは多少なりとも見えるにもかかわらず、全員がそれを強く否定するということです。

大きな好転の兆候が見え始めると、クライアントの態度が豹変《ひょうへん》することすらあります。その場合、私との信頼関係をあっさり崩してしまうようなこともありますし、記憶を変形したり、作話に基づく非難を私に執拗《しつよう》にぶつけたりする人も出てきます。

通常の悪化と違って、好転の否定は、クライアントにとって非常に苦痛なものです。「こんなに苦しいのなら、よくならなくていいです」とまで言う人がいるほどです。しかし、しばらくすると自然に収まり、その時には、隠れていた好転が一挙に浮上するため、急によくなったように感じられるのが、好転の否定のもうひとつの特徴です。

自分の進歩を認めようとせず、それを喜びもしない好転の否定という現象は、心理療法の進展に伴って、例外なく、好転のたびに何度でも繰り返し起こります。ただ、自分が進歩したことの喜びに、いわば気がすむまで水を差しているという状態なので、放置しておいてもいずれは消え、好転だけが残るのですが、心理療法を進めるうえで、この状態の積極的な克服は非常に重要です。

私の心理療法では、心理療法自体に対する批判を含めて、クライアントたちからかなり率直な意見が返ってきます。そのため、症状の好転に関連しても、クライアントたちは、かなりはっきりした発言をしてくれます。

中でも皮膚病の場合、好転や悪化がすぐにわかるので、人からその状態を指摘される機会が多いものです。そのため、症状の好転に対する他者の指摘と本人の反応とが、ほかの病気の場合よりも把握しやすいわけです。

そこで、アトピー性皮膚炎という心身症的色彩の濃い皮膚病をもつクライアントたちに、よくなったと言われた時のことを質問したところ、ほぼ全員が、好転を指摘されてもほとんど喜んでいないことがわかりました。具体的な例をいくつか示します。

「実際にはよくなっていないのだから、慰めてくれただけなのではないか」
「よくなっているわけではないので、からかっているに違いない」
「こんなに苦労しているのも知らずに、よくなったなどとあっさり言わないでほしい」
「少しよくなったとしても、またすぐに悪くなるのでうれしくない」
「今さらよくなったとしても、うれしいわけないでしょう」
「よくなったなどと言われると、相手を張り倒したくなる」

このことは、このような皮膚病をもつクライアントに、「よくなってよかったですね」などと声をかけた経験のある人たちの証言とも符合します。その人たちは、喜ぶと思って声をかけた相手が、意外そうな、あるいは不愉快そうな反応をしたのに驚いた経験があるのです。

また、消化器系の心身症とされる潰瘍性《かいようせい》大腸炎をもつ二〇代後半の女性は、専門病院に入院中に、好転するどころか急激に悪化し、予定外の手術を受けざるをえない状態に陥ってしまいました。そして、直腸の上部10センチほどを残して大腸を摘出したのです。

母親は、7ヵ月もの入院の間、一度も帰宅することなく泊まり込みで看病を続けていました。病室は浴室のある個室でしたが、母親は、娘が心配なあまり一度も入浴しなかったそうです。入院後に悪化した原因は、どうやらそうした母親の強い愛情を否定し続けた結果だったようです。この場合の原因は、継続型ということになります。

そのためでしょうが、手術後も一進一退の状態が続き、半年ほどしてからようやく退院できるまでに回復したのですが、大腸の残部には依然として炎症がありました。そのため、排便も多い時で、夜間も含めて1日に二十数回もあり、体調もすぐれず仕事もできない状態が二年ほど続いていました。ところが、本人は、そのような状態をさほど苦には感じていなかったのです。ここに、幸福否定の結果として、どのような症状を選択するのか、いわばその指針を解明するための重要なヒントがありそうです。

心理療法を始めて10ヵ月ほど経つと、排便の回数は減り、体調も全般的にかなり改善されてきました。ある国家資格を取得するための勉強を始め、その試験に合格したり、ボランティア活動を活発に行なったりしてもほとんど疲れないという状態にまで回復しました。そのため、主治医からも、「もう炎症はありません。これなら年に1回程度の検査でいいでしょう」と明言されました。難病に指定されている病気がここまで回復したのです。

このように劇的に回復したにもかかわらず、本人は、「ああ、そうですか」という感想しかもたず、帰宅した本人からその話を聞かされた母親も、「ああ、そう」としか言わなかったそうです。ふたりともこの件については、それ以上話そうともしなかったのでした。

そこで私は、虫垂炎程度の病気で手術した場合でも、退院すれば全快祝いの赤飯を炊いたりするものでしょう、と問いかけました。すると、この女性は、「そうですね。うれしいはずなのに、別にうれしくありません。変ですね」と笑いながら答えたのです（ただし、この時には、喜ばなかっただけで、好転の否定による症状は特に起こりませんでした）。なお、好転の否定の実例は、拙著『本心と抵抗――自発性の精神病理』（すぴか書房刊）にたくさん出ていますので、関心のある方はぜひ参照してください。

意識で納得できる心理的原因は無意味

一般の心理療法では、治療者がそれらしき〝原因〟を推測して自分で納得すると、それがそのまま原因と断定されてしまうことが往々にしてあります。それでいながら、精神科や心療内科では、ほとんど唯一の治療法として、薬を投与するのです。それでは単なる独りよがりにすぎず、何のために原因を探ったのかわかりません。対症療法的な対応しかしないのなら、心理的原因を探る必要はありませんし、治療のために心理的原因を探るのなら、意識で納得することで満足するのではなく、実際に効果のあるものを探り出さなければなりません。そして、それが本当に当たっているかどうか、治療に役立つかどうかを、客観的に確認する必要があるのです。

また、一般の心理療法理論では、自己分析を通じて原因を洞察させることで治療しようとすることがあります。しかし、それでは意識で許容されるものしか原因として認められません。これは、精神分析理論を含め、自己洞察的心理療法理論の致命的欠陥と言えるでしょう。意識の上で納得しても、それ以上のことは起こらないからです。

しかも、心理的原因を治療者やクライアントが推測した場合、それは、過去のトラウマなど、外部から来た悪い事柄に決まっています。そしてそれは、一般常識とも符合します。したがって、その〝原因〟に対して抵抗が起こることはありませんし、本人が意識で納得しても、原則として症状に変化は起こりません。仮に何らかの理由で運よく症状が薄れたか消えたとしても、再発傾向はそれまでと変わりませんし、症状が消える以上の好転もほとんど起こらないでしょう。

私の経験では、真の意味での心理的原因が意識にのぼった場合、その瞬間に、心身の状態に多少なりとも変化が起こります。また、再発もしにくくなり、能力の発揮や人格の向上などもついて来るのがふつうです。ところが、原因を探り当てたという実感はほとんどありません。それは、本人（の内心と、それに踊らされた意識）がそれを否定し続けてきた結果ですから、当然のことでしょう。

たいていの人は、「心理的原因がわかれば納得するはずだ」と思い込んでいます。心理的原因を知りたがるのは、ひとつにはそのためでしょう。しかし、それも、意識が思い込んでいる以上のものではありません。後ほど述べるように、意識から見た心理的原因は必ず、「そんなことが原因であるはずがない」と思うような内容なのです。

無意識に潜む真の心理的原因を探り出すためのヒント

「心理的原因を絞り込んでいく方法」という項では、症状や反応が出る状況が特定されている場合の原因の絞りかたを説明しておきましたが、ここでは、心理的原因を探るための一般的な方法を、もう少し詳しく説明します。現在の私は、感情の演技を治療の中心に据えているので、いつも心理的原因を探るわけではありません。原因の探究には時間がかかることに加えて、原因がはっきりしなくても、感情の演技を続けさえすれば治療のできることが、その主な理由です。

とはいえ、心因性疾患の成り立ちを明らかにするうえでは、心理的原因を探り出すことは大きな意味をもっています。また、そのまま放置しておくと強い症状が続くことが十分予測されるなど、何らかの意味で問題が大きい場合には、心理的原因を突き止め、その場で症状を消したり軽くしたりする必要性がかなり高いわけです。

心理的原因の5条件は、第2章に列挙しておいた通りですが、実際に原因を探る場合に、最低限重視しなければならないのは次のふたつです。

① 症状や異常行動が発生した1、2秒前に起こった出来事や状況という要因

② その記憶が意識から消えているという要因

もちろん、原則として、内容はうれしいことでなければなりません。これらをヒントにしながら、原因を探り出そうとするわけです。

原因を探り出すにはいろいろな方法がありますが、最近のことであれば、症状や異常行動が出た日時を明確にすることが先決です。ところが、前日のことであっても、それがはっきりしないことが多いのです。それは、原因を自分の意識から遠ざけておく必要があるため、いつ起こったのかを不明瞭にしようとする力が働くためです。これを私は〝不明瞭化現象〟と呼んでいます。

日時が少しでも絞れたら、その直前にあったはずの出来事や状況を本人から聞き出します。ところが、記憶が消えているため、極端な場合には、前日の夜のことであっても、その時に自宅にいたのか外にいたのかすらわからないほどのこともあります。その時間に外にいたはずはないので、たぶん自宅にいた、という程度のことしかわからないわけです。しかし、原因とは無関係のことについては記憶しているので、時間を追って話を進めると、記憶が消えている時間帯を絞り込むことができます。

このあたりまで来ると、頭が重くなったり、眠気やあくびが出たりなどの反応が出るようになるでしょう。そして、その時間帯や背景を考えながら、クライアントと一緒に原因を追究していくと、多くの場合、記憶が消えていた出来事や状況が少しずつ明確になってきます。

最初に出てくるのは、必ず原因の周辺部なのですが、それを手がかりにして、心理的原因の核心に、反応を目印にしながら迫っていきます。微妙な反応や変化しか起こらない場合、その観察が難しいこともあるので、多少の観察眼は要求されますが、そのような問題を除けば、ここには主観の入る余地はありません。

そして、記憶が消えていた核心に辿り着くと、強い反応が出て、隠されていた記憶が意識にのぼります。中には、どうしてこれほど重要なことが消えていたのかと、本人がふしぎがるほどの出来事の場合もあります。

このようにして探り出した出来事や状況が、本当にその直後に出た症状や異常行動の原因かどうかは、心理的原因の5条件をすべて満たしていることに加えて、その出来事や状況の記憶が意識にのぼった瞬間に、それまでの症状が多少なりとも弱まるか、場合によっては完全に消えてしまうという変化が起こるかどうかで判断できます。

真の原因が意識化された場合には、その直後からかどうかはともかく、能力の発揮や人格の向上などを多少なりとも伴うものです。ところが、これらの条件とは無関係に症状が消えた場合には、症状が単に消えるか薄れるかするだけで、それ以上の変化は原則として起こりません。その多くは、**真の原因を探られるのを内心が嫌って、自分から症状を引っ込めてしまうという、先述した〝症状の退避〟という現象**です。

心理的原因を突き止める――心因性の発熱の事例

次に、心理的原因を突き止めるための具体的手順を、最近の実例をもとにして手短に説明しましょう。これは、心因性の発熱の事例です。心理的な原因でも、これほどの高熱が出ることを教えてくれる実例でもあります。

ある六〇代の女性は、息子の結納のため、夫と一緒に出かける日の朝、朝食の支度をしている最中に、急に具合が悪くなって倒れました。熱を測ると39度もありました。9時頃に家を出る予定にしていたのですが、あまりに具合が悪かったため、しばらく様子を見ていたところ、11時半頃になると逆に、40度まで上がってしまいました。夫は、自分ひとりで行ってもいいと言ってくれたのですが、午後1時近くになると38度9分まで下がったので、とりあえず東京駅から新幹線に乗って、目的地の青森に向かいました。車中ではほとんど眠っていたそうです。青森駅に着くと、熱はさらに下がり、37度8分になっていました。その晩はホテルに泊まりましたが、夕食はとらずに就寝しました。

翌朝は少し食べられたそうです。昼頃に結納があり、無事にすんだ後に、相手方の自宅に招かれたのですが、必要な対応をする以外は、ほとんど横になっていたそうです。その晩も同じホテルに泊まり、翌日は、昼食をとってから青森を発ちました。症状は、東京駅に着いた頃からまたかなり悪化し、熱も上がってきました。自宅に帰り着くと、そのまま寝込んでしまい、翌日も一日中寝ていました。その後しばらくは、調子の悪い状態が続きました。この女性は、心理療法を受けて来た経験から、この一連の症状を心因性のものと考えました。

この経過からわかるのは、発熱の原因は、夫と出かけることに関係しているとしても、結納自体とは無関係らしいこと、むしろ自宅の側にあるらしいことです。とはいえ、これだけでは、原因らしいものはわかりません。夫と出かけることのうれしさにしても発熱の経過と一致しませんし、結納の時にはむしろ具合が少しよくなっているので、息子の結婚のうれしさが関係していると考えることにもむりがあります。

自宅のほうがあやしいので、それについて聞くと、その頃は、三人の幼児を連れた長女が里帰りしていたのでした。この時には、長女たちを置いて、夫とふたりで出かけるという形になったわけです。そこで、「その発熱は娘たちを置いて出たことに関係がある」という結びつけをしてもらうと、首や肩が締めつけられるという反応が出ました。しかし、他の感情の演技では、そこまで強い反応はありませんでした。

そこで、もう少し原因を明確にするため、いくつかの感情の演技を試した結果、「娘を突き放して出かけたことに関係がある」という課題に最も強い反応が出ることがわかりました。実は、この時の長女の里帰りは、その夫の家庭内暴力によるものでした。そのため、夫から脅しの電話やメールが頻繁に入っていました。長女は、三人の幼児をひとりで世話しながら、夫からの暴言に対応しなければならなかったわけです。そのような状態にあったにもかかわらず、長女ひとりに対応を任せて出て来たという状況だったのです。ですから、子離れできたことの喜びの否定という可能性もあったのですが、結局わかったのは、娘の成長の喜びの否定ということでした。娘がそこまで成長したのがうれしかったということです。

次は、この推測が当たっているかどうかを確認する段階です。これが原因であるためには、この一連の心の動きの記憶が消えていなければなりません。本人に確認すると、その記憶は確かに消えていました。それが意識にのぼった時に、それまでの症状が軽くなっていることも確認されました。長女たちが来ていたことはもちろん覚えていましたが、それをこの時の症状と関連づけて考えることは、それまでなかったそうです。そして、次の心理療法の時には、前回以降、ほとんど問題がなくなっていることがわかったのです。これで、この時の発熱その他の原因が確定されたことになります。

以上、実例をもとにしてごく簡単に説明しましたが、原因の探りかたについて詳しく知りたい方は、拙著『本心と抵抗——自発性の精神病理』（すぴか書房刊）の第4章および第5章に数多くの事例を載せておきましたので、ぜひ参照してください。

「本当にしたいこと」を探り出す方法

しばらく前から、自己実現という言葉がよく聞かれるようになりましたが、自分の本当にしたいことが意識でわかっている人は、実際にはそれほどいないでしょう。では、それを突き止めるにはどうしたらいいのでしょうか。

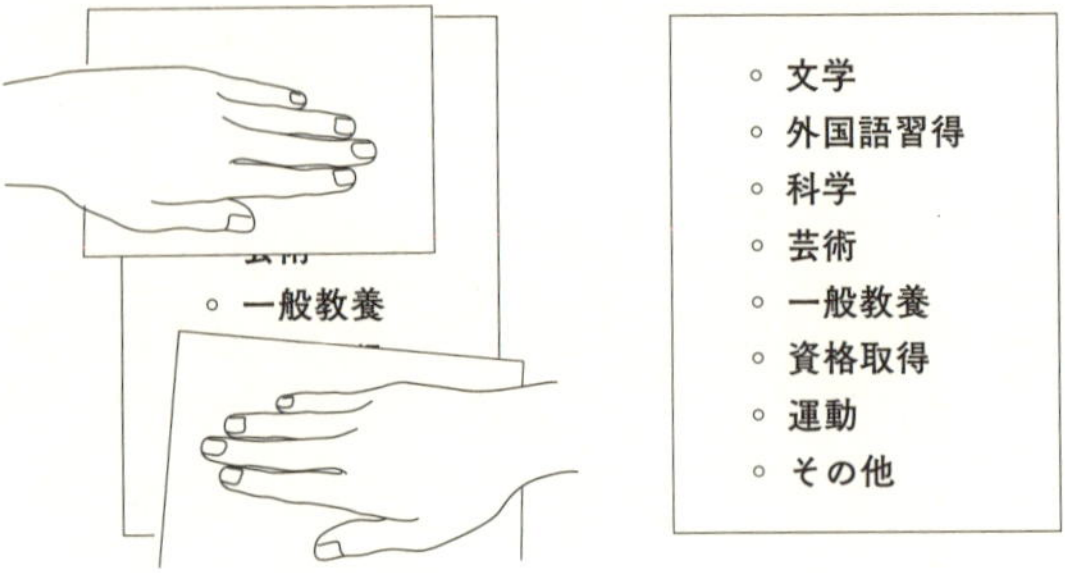

自分のしたいことを探す方法の一例。上下を白紙で隠し、1行ずつが見えるようにする。そして、順番にそれぞれを20秒ほど見て、何らかの反応が出るかどうかを確かめる。

それには、大きく分けてふたつの方法があります。ひとつは、**それまで何度も挑戦しながら挫折《ざせつ》を繰り返してきたものを思い起こしてみること**です。ところが、この方法では、あまり抵抗のないものしか出てきません。思いつきもしないようなことは探り出せないのです。

もうひとつの方法は、**反応を利用して探り当てるという、私が心理療法の中で日常的に使っている方法**です。これは、反応という客観的指標のいわば応用編です。反応はこのような形でも利用できるということがおかわりいただけるはずです。

参考までに、その方法を簡単に紹介しておきます。上図のように、まず、自分の関心を振り返りながら、候補となりそうないくつかの分野を白紙に書き出します。ただし、これは単なる一例なので、実際には自分なりの項目を選んで列挙してみてください。そして、1行しか見えないように、2枚の紙で上下を隠し、自分の本当にしたいことはこれだと言い聞かせながら、1行あたり20秒くらいの時間をかけて、紙をずらして、上から順に見ていきます。ただ見ているだけでよいのです。

これまでの経験ですと、7割前後の人に、そのどこかで眠気、あくび、身体的変化のいずれかの反応が出ます（ただし、これは心理療法をある程度続けた人たちの比率なので、全くの初心者の場合には、この比率はもう少し低いと思います）。

この方法を使った場合には、文字がはっきり見えなくなるという、この方法に沿った反応が出ることもあります。とりあえず、**反応が出たものが自分の本当にしたいこと**と考えてよいでしょう。それは、自分にとって意外なものかもしれません。

もちろん、何度か繰り返しても全く反応が出ないこともあります。その場合には、内容を工夫してもう一度試してみてください。それでも反応が出なければ、残念ながら少なくとも現段階では、この方法は使えないということです。

なお、「その他」は比較の対照として並べているだけなので、ふつう反応は出ませんが、もしそこで反応が出るようなら、書き出した以外の分野を書き並べ、同じようにして反応をみてください。

どこかで反応が出たら、それをさらに絞り込みます。たとえば「文学」であくびや眠気が起こったとすると、「作品を読むこと」、「作品の評論をすること」、「作品を書くこと」などとふうに、より具体的な形にして同じように反応を見ます。

そのうちどれかで反応があれば、同じようにして掘り下げてゆけばよいのです。そして、たとえば「作品を書くこと」で強い反応が起こったとすると、今度は、ジャンル別に調べてもいいでしょう。小説、随筆、詩、短歌・俳句などで反応を見て、詩で抵抗が強いようなら、「詩を書いてうれしい」という感情の演技に結びつけます。それで反応が強く出るようなら、次は実際に作品を書く努力をしてみることです。

そして詩を書こうとした時、強い反応が起こり、机に座れない、すぐに気持ちがそれる、一瞬のうちに眠ってしまうなどの強い反応が出るようであれば、「詩を作る」ことが自分の本当にしたいことのひとつと考えてほぼまちがいないでしょう。

第5章 従来の人間観を覆す幸福否定理論

科学の世界で待ち構えている悪魔の誘惑

本書の最終章となる本章は、少しばかり大上段に構えて、**科学とは何か**という問題から始めたいと思います。幸福否定という現象は、個人の問題にとどまらず、人間の営み全体に及ぶのですが、科学の世界もその例外ではないからです。

科学とは、簡単に言えば観察と実験という研究法を使った、宇宙の森羅万象の探究のことです。科学を「探検」と同一視する人がいるのは、そのような事情によるのでしょう。この探検によって得られた成果が、科学者集団の承認を経て、その時代の科学知識になるわけです。こうして生み出された科学知識の体系は、その時点で可能な限り、事実に寄り添ったものになっているはずです。

そのため、科学知識の体系は、その時点では正しいとしても、未来永劫《えいごう》に正しいことが保証される絶対的なものではありません。さもなければ、科学の進歩はないことになりますし、そもそも科学者の存在意義がなくなってしまいます。科学の進歩とは、このように、現在の科学知識が、新たに得られた知見で塗り替えられることであり、現代風に言えば、科学知識の更新や拡張のことです。

ちなみに、ニュートン物理学以降の科学知識体系は、哲学的に言えば、一貫して唯物論的な基盤の上に築きあげられています。そこには、心が脳とは別に存在するという考えかたが入る余地は最初からありません。

レズリー・ホワイトというアメリカの著名な文化人類学者は、「**科学とは科学すること**」である（White, 1938）と言いました。科学とは、真理の探究に向けた人間の探検的行為そのもののことであり、その成果である科学知識とは別ものだということです。ですから、科学的探究は、観察と実験という方法が使える限り、対象を選ばないはずですし、新たな発見は、既存の科学知識体系への挑戦になるはずです。

話がそれるようですが、昔から、科学者の不正行為が時おり物議をかもしてきました。最近でも、大きな社会問題にまで発展した事件があったばかりです。科学者の良心に訴えたところで、それを完全に防止するのは不可能に近いと思いますが、それは、言うまでもなく、不純な動機がそこにからんでいるためです。

科学者の本分は、科学的方法を使った真理の探究自体にあるわけですが、そのような人たちは、自分の地位を確立したいとか、名声を高めたいといった〝悪魔のささやき〟に魅入られて、科学者であることを放棄してしまったことになります。そこでは、科学的研究が、そうした私利私欲のための手段に利用されています。厳しい言いかたをすれば、それではもはや真理の探究ではないので、それが発覚するかどうかとは無関係に、聖職者が神を冒瀆《ぼうとく》することにも似た自滅的行為ということになります。そこには、「真理の探究に対する抵抗」（Barber, 1961）が潜んでいるように思います。

科学者による、科学の作法に反する行為は、実はもうひとつあります。科学者による不正行為は、現在の科学知識に参入しようとする側に発生する問題ですが、もうひとつは、逆に、既存の科学知識を守護しようとする、いわば体制側に起こる問題です。

それは、新たに提示された観察や実験の所見を、現在の科学知識を使って否定するという、まさに本末転倒の行為のことです。既存の科学知識によって新たな所見を否定することほど簡単なことはありません。しかしながら、このような対応を受けた場合、革命的なものは言うに及ばず、従来のものと異なる所見やそれに基づく理論が、科学知識の体系に参入することは不可能です。

繰り返しになりますが、科学とは、観察と実験という方法を使って真理の探究を行なうことです。したがって新たな主張に対しては、原則として、実験や観察という方法で得たデータによって対応しなければならないのです。

たとえば量子力学的な実験データを、ニュートン物理学（という旧来の科学知識体系）で説明できないからありえない、という論法を使って否定する物理学者がいたとすれば、その物理学者は誰からも相手にされなくなるでしょう。ところが、それと同質のことが、実際には頻繁に起こっているのです。

「超常的現象に対する否定的態度」は科学者の自己欺瞞

そこまであからさまな違反行為をする科学者などいるはずはないと、疑問に思われるかもしれませんが、そのような科学者は、珍しいどころではありません。そのことは、〝疑似科学〟と蔑称《べっしょう》される分野の研究を考えればわかるでしょう。疑似という言葉には、科学を自称しているが、うさんくさいものなので、まともにとりあう必要はない、という意味が明に暗に込められています。そして、疑似科学の筆頭とされるのが、超常現象研究の分野なのです。

本章を進めるうえで必要なので、そうした科学者がほぼ例外なく使う奇策について、ここで簡単に解説しておきます。これも、おそらく悪魔の誘惑によるものです。

超常現象の正規の定義は、「現在の科学知識では説明できない物理的、心理的現象」となっています。これは、念力とＥＳＰ（超感覚的知覚）を指しますが、科学の理念から導き出される中立的な定義です。それに対して、懐疑論者を自称する、事実上は否定論者と呼ぶべき人たちは、現行の科学知識体系が絶対的に正しいことを大前提にして、超常現象の実在を裏づける証拠を頭から否定するのです。

この戦法は、「天に向かって唾《つば》を吐く」のと同類の自縄自縛的論法を必ず伴います。「現在の科学知識体系と矛盾するので超常現象は存在しない」とあからさまに主張したのでは、科学の理念に反していることがあまりにはっきりしてしまい、自ら墓穴を掘ることになります。そのため、科学と科学知識をすりかえるという反則的な戦法を、どうしてもとらざるをえなくなるわけです。

つまり、超常現象と呼ばれるものは「科学ではない」、あるいは「科学で説明できない」から存在しない、さらには、「科学と矛盾する」のでありえないという論法を使う以外になくなってしまうということです。権威を後ろ盾にした虚勢ということでもあります。その際に、その主張の信頼性を高めようとするためでしょうが、研究者の能力や資質を疑うという手法も併用します。ただの見まちがいなのではないかとか、手品が見抜けなかっただけだ、というわけです。うさんくさそうな現象であることを示すために、いわゆるオカルトと一緒くたにすることも少なくありません。

ところが、先述の通り、科学とは要するに方法のことなので、科学と矛盾するなどという言いかたはそもそもありえません。新しいデータは科学で説明できないから必ずまちがっている、と言ったら正気を疑われるのと同じことです。したがって、これは自己欺瞞《ぎまん》になっているのですが、当人たちにその自覚はありません。その自覚を、意識の上から消し去っているということであり、要するに、これは異常行動だということです。

興味深いことに、これと同質のことが、幸福否定理論の出発点になった心理療法理論に対しても起こっているのです。

科学的理論としての〝幸福否定〟

本書を前章まで読み進んで来られても、あまりに常識をはずれているので、「幸福否定という理論は話としてはおもしろいが、しょせんは著者の妄想にすぎないのではないか」と思われる方のほうが、むしろ多いかもしれません。個人的なご意見としては、どう考えていただいてもかまわないのですが、科学的な理論として見る場合には、そのような結論を出す前に、次のふたつの点を考える必要があります。

① 事実だとすれば、さまざまな方面に重大な影響を及ぼす理論であること

もし幸福否定という心の動きが、人間全般に生まれながらに備わっているとしたら、どれほど大変なことになるでしょうか。ことはきわめて重大なのです。これには、先ほど説明した、現在の科学知識への挑戦という側面が含まれます。幸福否定という考えかたは、もしそれが正しければ、心因性疾患全般の治療理論にとどまらず、人間観を根本から変えてしまうほどのものです。だからこそ、無視することはできないわけです。さらには、長年にわたって蓄積されてきた裏づけが豊富にあるばかりか、簡単に追認できる方法も具体的に提示されているのです。

要するに、現在の科学知識体系をもって否定するという、科学の作法に反する対応をするのではなく、肯定であれ否定であれ、どちらの結論を出すとしても、その前に、同じ方法を使って再現できるかどうかを自分なりに確かめるために、確認作業（追試実験）をしなければならないということです。これが、科学の由緒正しいやりかたです。

② 出発点になった理論があること

この幸福否定理論は、私が勝手に作り出したものではありません。そもそもの始まりは、私の恩師に当たる、**小坂英世**《こさかひでよ》というとてつもなく独創的な精神科医が編み出した理論にあります。小坂理論と呼ばれる、この特殊な治療理論は、精神分裂病（現在の統合失調症）を治療するための理論として、一九七〇年代の初めに小坂が唱えたもので、世界に先駆けて発見した「反応」という客観的指標を利用して、その心理的原因を探ることを主眼としたものでした。

今でも事情は全く同じですが、当時も、この精神疾患が心理的原因によって起こるとは考えられていませんでした。小坂の主張が斬新《ざんしん》だったのは、その点だけではありません。心理療法のような、科学的方法とは縁遠そうに見えるものに、客観的な指標が使えるなどとは、世界中の誰もが夢想だにしなかったことなのです。

詳しくは後ほど説明しますが、幸福否定という考えかたは、その小坂理論を出発点にしています。ただし本来の対象（統合失調症）ではなく、心因性疾患全般を対象にした日々の実践の中で、客観的指標たる反応に導かれて、少しずつ浮かび上がってきたものです。個々の症状の心理的原因を探り出そうとして、試行錯誤を繰り返しているうちに、最終的に常識を大幅にはみ出した理論になってしまったわけです。その結果、通常の意味での説得力をほとんど失ってしまいました。そのこともあってか、専門家からはほぼ完全に無視されて現在に至っています。

革命的な治療理論との出会い

幸福否定理論の成立の経緯と位置づけがもう少しはっきりしないと、的確な批判もできないでしょうから、この理論が生まれるまでの経過を手短に説明しておきます。詳しい経緯などに関心のある方は、拙著（『幸福否定の構造』〔春秋社刊〕第2章や、『加害者と被害者の″トラウマ″――PTSD理論は正しいか』〔国書刊行会刊〕第7章）を参照していただければ幸いです。

私が、正規の仕事として心理療法を始めたのは、今から四三年前の一九七三年のことでした。東京の大学の心理学科を卒業後、鳥類の行動観察を目指して、東京から北海道に渡り、小樽《おたる》市の精神科病院の心理科に、生活費を捻出《ねんしゅつ》するために勤めていたのですが、一方通行でしかない動物の観察は、自分には難しいことがわかったため早々に諦《あきら》め、人間の行動観察に移ることを考えていました。ところが、実際のところは、手がかりがなくて困っていたのでした。その頃、たまたま研修のために訪れた関西の医大の学生たちから、東京にある〝小坂道場〟の話を聞いたのです。

そこでは、小坂英世という精神科医が、統合失調症のクライアントたちを本当に治しているというのです。その話を聞いたことがきっかけになって、小坂が創案した心理療法理論が、本当に正しいのかどうかを確かめるために行なったことが、私の本格的な心理療法の始まりでした。ちなみに、現在と違って、当時の精神科では、心理療法など全く相手にされていませんでした。

最終的にはほとんどの点で違ったものになってしまいましたが、小坂が発見した反応という客観的指標を利用する方法は、今なお、そのままの形で踏襲しています。こうした客観的手がかりを使う心理療法は、世界中を見渡してもほかにはひとつもないはずです。

小坂療法では、症状出現の直前にあるはずの心理的原因を探ります。統合失調症をもつ人たちは、いちいちの症状の原因となった出来事の記憶を〝抑圧〟しています。そのため、それを推理して指摘し、本人に思い出させると、それに対する反応が出現するとともに、症状が一瞬のうちに消えて、正気に戻ります。続いて、過去の再発や初発の原因を、さらにはその準備状態になった幼少期の傷つきを遡《さかのぼ》って探り出すことで、より安定した状態になるというのです。

その話を最初に聞いた時、私は、統合失調症のことなどほとんど知らなかったにもかかわらず、不遜《ふそん》にもその方法に疑問をもちました。仮にこの病気が心因性のものだったとしても、これほど重度の精神疾患の症状が、そのような簡単な方法で、しかも瞬時に消えるはずはない、と考えたからです。世界中の専門家が一〇〇年以上にもわたって懸命に研究を続けているのに、その原因についてはほとんど何もわかっていないのです。その程度のことは、大学時代に、かの斎藤茂太から受けた精神医学の講義や何冊かの専門書を通じて既に知っていました。

とはいえ、科学的な態度としては、そのような感情的判断から離れ、その仮説を自分で実際に追試したうえで、その真偽を確認しなければなりません。これは、感情的には多かれ少なかれ不愉快なことです。とはいえ、幸いなことに、私の中では科学の作法に反する、現行の科学知識をもとにした論理的判断よりも、好奇心のほうが勝ちました。

そこで、小坂の著書（小坂、一九七二年a、b）をとり寄せて通読したのですが、精神科の常識とは全く違うことが書かれているので、理解しにくかったのは確かです。そして、そのうちの一冊を勤務先の病院の院長に読んでもらったのです。その結果、小坂療法に基づく心理面接が、病院の中で正式にできることになりました。ところが、ことはそう簡単には運ばないもので、院長から勧められた、初発してまもない最初の一例では、一週間以内という約束の期限内に症状を消失させることはできませんでした。

この時点で、独力では難しいことを痛感したため、小坂に連絡をとって助言を求めました。小坂は、親切にも、すぐに返事をくれました。手紙が何度か往復するうちに、私も、〝抑圧〟している出来事をクライアントたちに思い出させ、幻覚や妄想などの精神症状を目の前で消失させることに成功するようになりました。そして、半年に一度程度の頻度ではありましたが、北海道から、世田谷区の都立松沢病院の近くにある〝小坂教室〟へ通うようになったのです。

史上最大級の発見をした小坂英世の功績

小坂英世は、一九五三年に東京医科歯科大学を卒業した後、統合失調症の原因を探り出すことを自らのライフワークにしました。その決意は、その後、いかなる攻撃に遭っても、一度として揺らぐことはありませんでした。

その第一段階として、当時、精神分析を筆頭とする力動精神医学のメッカとされた国立国府台病院で、統合失調症の家族研究を行ない、それによって博士号を取得しました。わが国では、この方面の研究の先駆けとなるものでした。その後、あえて地方の保健所に勤務し、治療を受けることなく地域社会に生きる統合失調症の罹患者たちとじかにふれ合うようになったのです。当時はまだ、抗精神病薬はありません。それこそが、探検的研究の最前線です。

著名な探検的生物学者であった今西錦司《いまにしきんじ》の高弟に、梅棹忠夫《うめさおただお》という生態学者がいましたが、小坂はその梅棹を、生態学的研究法の師としていました。そのため、小坂からすれば、このような探検的姿勢は、研究者として当然のものだったのです。この頃の小坂は、他の専門家たちから、その精力的な活動を高く評価されていました。

一九六五年、小坂はある事例を通じて、具体的な出来事と再発との間に、因果関係があるらしいことに気づきます。その経験から、クライアントに一定の生活規制を課して、再発を回避させる方法を模索するようになりました。ところが、この方法では、それが成功したかどうかが客観的に判断できませんし、それ以前に、小坂の基本理念である「クライアントの人権擁護」という姿勢と、根本から矛盾してしまいます。

模索を続けるうち、一九六九年に新たな展開がありました。再発して急性症状を出しているクライアントに、その原因に関係していると思われる、ある具体的な解決策を与えたところ、それによって、出現していた症状を消失させることに初めて成功したのです。それを端緒として、小坂は、症状の消去に次々と成功するようになります。

ところで、小坂は、一般の精神科医と違って、症状そのものを重視していたわけではありません。症状は結果にすぎず、「症状があっても働ければいいではないか」と考えていたのです。したがって、小坂の再発の定義も、一般の精神医学のものとは異なり、「症状の再出現と同時に、いったん回復していた社会生活が再びできなくなること」を指しています（小坂、一九七〇年、四、二五ページ）。つまり、小坂が症状の消去とその心理的原因にこだわったのは、クライアントたちが再発と同時に、社会生活自体を放棄してしまうためなのです。この点は、統合失調症という精神疾患の本質を考えるうえで、きわめて重要です。

それと相前後して、小坂は、再発の直前に起こった、その原因となる出来事の記憶が消えていることに注目するようになりました。そして、再発中のクライアントに、その原因と思われる出来事を思い出させたところ、その症状が一瞬のうちに消えたのです。一九七〇年のことでした。この手続きは、精神分析で言う〝抑圧解除〟と全く同じでした。抑圧解除とは、意識の上に置いておくとあまりに苦痛なために、無意識の中に押し込めていた（と精神分析では考える）出来事を思い出させ、それによって症状の軽減を図ることです。

反応という概念が出てくるのは、この頃からです。再発の原因を探っている時に、その近くまで行くと、「軽い場合にはハッとした表情・姿勢の変化」や、強い場合には驚《きょう》愕《がく》反応が出現するのです（小坂、一九七二年b、七八ページ）。同時に、頭痛や悪心などの身体的反応や、あくびや眠気が起こることもあります。小坂は、こうした反応を、忘れていた原因を思い出したことによる驚きや不快感や良心の呵責《かしゃく》に起因するものと考えました。そして、こうした反応を、原因を探り出す際の目印にしたのです。

小坂自身は、**反応という客観的指標が、精神医学史上でどれほど重要な位置づけにあるか**という問題にはふれていません。しかし、私はこの現象の発見は、とてつもなく重要だと思います。極端に言えば、**人類史上でも最大級の発見**になるかもしれないとさえ思うほどです。

ところが、心理的原因を想起させることで再発を解決するようになると、それまでは素直で、けなげですらあったクライアントたちが、〝本性〟を現わすようになりました。そして、その後の再発も、小坂が〝いやらしい再発〟と呼んだ奇妙な状態に変容してしまうのです。この状態は、見たことがないと専門家でもわかりにくいのですが、ひとことで言えば、たとえばあからさまに反抗的な態度をとったかと思えば、都合が悪くなると、何ごともなかったかのように態度を一変させるなど、家族が見ても病気とは思えないような状態になるということです。

いやらしい再発は、要するに、周囲の人たちには半ば意識的な芝居をしているように見えるにもかかわらず、対応が非常に難しい状態です。これは、実際に目にしないと、理解できない現象だと思います。そして、ここが大きな問題なのですが、そこで治療が膠着《こうちゃく》状態に陥ってしまうのです。この状態は、一般の精神科医には、病気がこじれた結果と判断されたようです。

それまでは、クライアントたちにひたすら寄り添い、自立を支援するために養子にすることまで考えていた小坂は、この状態を目の当たりにしてからは、見る目が一変し、本人たちの責任を問うようになるなど、クライアントたちに対して厳しい接しかたをするようになりました。この時点で、小坂理論は統合失調症のいわばトラウマ理論から抜け出したことになります。

ついでながらふれておくと、本人たちの責任を問うという姿勢は、最近では、北海道浦河町にある〝浦河べてるの家〟という自立支援施設でも自然に生まれ、それによって大きな成果が得られているようです〔河村敏明「わきまえとしての『治せない医者』」〔浦河べてるの家『べてるの家の当事者研究』（医学書院）〕所収〕。

このような小坂の「変身」や「いやらしい再発」の頻発と相前後して、それまで小坂や小坂療法を支持していた人たちは、次第に離れて行きました。小坂のふたりの助手も、その例外ではありませんでした。特にこのふたりは、私が直接に聞いたところによれば、

「いやらしい再発」を乗り越えるのは、ほとんど不可能なのではないかとすら考えていました。

専門家はなぜ、小坂療法を徹底的に拒絶したのか

それと相前後して、クライアントやその家族たちも、小坂療法に対して強い拒絶を示すようになりました。小坂の態度が変わったため、ついていけなくなった、などの不満を訴えて、小坂から遠ざかる家族が続出したのです。その中には、小坂の治療で症状が改善したことで喜んでいた人たちもいました。

妹の症状が慢性化していたため、心理的原因を探り出すことなどできるはずがないと半ばあきらめていたある女性は、その妹が、小坂の方法によって劇的に改善する場面を目の当たりにしました。そして、その感激を小坂に書き送ったのです。にもかかわらず、そのわずか4ヵ月後には、小坂と絶縁してしまったのでした。

他に有効な治療法がない疾患に対して、有効な治療を行なっている医師がいた場合、

仮にその医師の態度が好ましくなかったとしても、それを理由にして、その治療自体を放棄するものでしょうか。その医師を見限るとしても、別の医師にその治療法を採用するよう求めたり、家族が自分でできる範囲で治療を続けたりするほうがはるかに合理的なはずです。実際、後者はまさに小坂が、後述する小坂教室を通じて家族たちに求めてきたことなのです。ところが、その女性も他の家族も、それすら放棄してしまったのでした。

しかしながら、クライアントやその家族よりも罪が重いのは、小坂療法を攻撃し、その後は一貫して無視し続けた専門家たちでしょう。小坂の人格の批判という、科学的な論争から完全にかけ離れたところで、小坂を攻撃すること（浜田、一九八六年、二〇一〇年）に終始し、小坂療法の当否を確認するという科学的手続きを、完全に避け続けたからです。このことは、後世の科学社会学の絶好のテーマになるはずです。

ある精神科医は、小坂の治療技法は、「ある種の宗教における求道法に類似」しており、小坂はその原因を心理的抑圧に求め、その抑圧の解除を原因療法と主張しているが、「これはフロイドの神経症理論の引き写しにすぎない」（浅野、二〇〇〇年、八二ページ）と批判しています。ところが、目の前にいくらでも対象者がいるにもかかわらず、抑圧解除理論の当否の確認は、どうやらしようともしなかったのです。

また、甘えの理論で世界的にも有名な精神科医・土居健郎《たけお》は、小坂の理論を、「ずいぶん分幼稚な精神分析的なやり方ですね」と批判していたそうです（浜田、二〇一〇年、一六二ページ）。ふしぎなことに、専門家による、小坂や小坂療法に対する批判としては、これまでのところ、この程度のものしか存在しないのです。

仮に小坂の方法が、求道法やフロイトの理論のまねごとのように見えるとしても、あるいは、どれほど幼稚に感じられるとしても、それは単なる個人的感想にすぎません。その方法で真の意味での治療ができるのなら、どのように見えようとも、実際には何の問題もないのです。科学の基本理念をわきまえていれば、その点に異論はないはずです。

クライアントやその家族ばかりか精神科医たちも、結局は、小坂療法の中核概念である抑圧解除の有効性の検証を、知らず知らずのうちに避けてしまい、科学的な立場から判断を下すことのないまま、逃げ出してしまったのです。これは、自ら科学者であることを放棄した態度と言わなければなりません。そして、その状況は、現在に至るまで少しも変わっていないのです。

後でわかったことですが、私が初めて小坂と対面したのは、このように、ほとんどの支持者が離反した後だったのです。一九七三年の晩秋のことでした（たまたま、私の二六歳の誕生日の当日でした）。そこは、世田谷区上北沢の甲州街道沿いにある安普請のマンションの一室で、「小坂教室」と呼ばれていました。統合失調症のクライアントとその家族を、治療というよりは教育するための場で、そのために「教室」と名づけられていたのです。

治療法は既に確立されているので、それをクライアントや家族に教えれば、自己治療ができるはずだと小坂は考えていました。そして、心の専門家は、治療者ではなく教育者の立場に徹するべきだと主張していたのです。まさに斬新な着想です。

驚異的な成果をあげていた小坂教室

教室は、低いテーブルをふたつ合わせたまわりに、ソファーが並べられているだけで、診察室の雰囲気はまるでありません。小坂は、ソファーに座った出席者たちと、一家族当たり30分程度の時間をかけて、座ったままの位置で順番に面接していきます。他の出席者たちは、そのやりとりを間近に見聞きして、必要なら録音してもち帰り、自分や家族の治療の参考にするわけです。これは、小坂が考え出した一種の集団療法でした。全体としても、このように非常に画期的なものだったのです。

当時の出席料は、一家族当たりわずか500円で、3時間ほどの開室時間内であれば、出入りは自由なのでした。小坂は、以前からの習慣らしく白衣は身に着けず、ふつうの服装をしていましたが、ブレザーの袖口はすり切れていました。そのような点からしても、経済的にはかなり大変だったに違いありません。小坂の風貌《ふうぼう》は、私がそれまで目にしてきた医師たちとはおおいに異なっていました。名声も生活も、真理の探究を前にしては、優先事項ではなかったということです。

小坂は、とてつもない記憶力のもち主で、いつ、誰に、どのような状況で、何の目的で何を話し、それに対して相手がどのような表情でどのような答えかたをしたかを、順番通りに細かく覚えているようでした。また、さまざまな可能性を念頭に置いて、的確な言葉を選びながら、きわめて論理的に話を進めていました。

特に、家族と話す時には、非常にていねいな言葉を使って、ていねいに説明していました（一九七三年頃に私が録音した小坂教室の模様は、プライバシーの問題もあるため、ごく一部に限られるでしょうが、いずれ私の〝心の研究室〟のウェブサイトで公開する予定です。これは、歴史的に見てきわめて貴重な資料になるはずです）。しかし、統合失調症のクライアントやその家族にはありがちなことなのですが、相手が常識をわきまえない態度を見せた時には、それを大きな声で遠慮なく注意しました。時には、それは、常軌を逸するほど激しい叱責になりました。

私が驚いたのは、長く通っているクライアントたちのほとんどが、仕事についているか学校に通っているという事実でした。新たな来室者はそうではないらしかったので、軽症者だけを対象にしていたわけではもちろんありません。

抑圧解除による治療の結果、ほとんどのクライアントは、薬が必要のない状態になっていました。先述の「いやらしい再発」をした場合などの一部にだけ、薬を出しているということでしたが、それも、通常の投薬量の十分の一程度でした。それを聞いただけで、当時の専門家は、小坂の診断を疑ったのです。しかし現在では、統合失調症の罹患者に必要最小限の入院期間とごく少量の投薬ないし無投薬で対応している、イタリアのような例も実在するのです（シュミット、二〇〇五年）。

私は、小坂療法の追試を始めて四年目の一九七六年の段階で、同僚の心理療法家とともに、その結果を2編の論文にまとめました。結果を集計してみると、平均3回弱の面接で、一〇〇名強のクライアントのうちの4分の3ほどで、症状の消去や軽減に成功しているという、まさに信じがたい結果が得られたことがわかりました。しかも、面接時間は、短い場合で数分にすぎず、長い場合でも2時間ほどでした。

今から振り返ると、ここでは、前章で略述した〝症状の退避〟が起こっていたらしいことがわかります。つまり、劇的な治療の成功に見えたものは、実は、真の原因が意識に表出するのを嫌って、内心がその手がかりである症状を、積極的に引っ込めてしまったということです。しかし、たとえそうであったとしても、治療的介入の効果には違いありません。

先述のように、統合失調症は心理療法で対応できるとはされていないので、一部のクライアントでしか症状の消去に成功しなかったとしても、その診断がまちがっていない限り、検証は成功したと考えていいでしょう。ところが、この場合は一部どころか、複数の精神科医によって統合失調症と診断された一〇〇名ほどのクライアントの圧倒的多数で、大なり小なり、それに成功しているわけです。**小坂の主張する統合失調症の抑圧解除理論の妥当性が、疑う余地なく立証された**と言えるでしょう。

そこで、当時、名古屋市立大学医学部精神科で助教授を務めていた、新進気鋭の中井久夫に、その論文の草稿を読んでもらい、さらに小坂に校閲してもらいました。そのうえで、わが国の主流精神医学雑誌に投稿したのです。ところが、予測通りと言うべきか、「当誌にはなじみません」という理由で、論文の掲載を拒否されたのです。

目まぐるしい展開を見せる小坂理論

小坂の理論の展開は、驚くほど速いものでした。それは、どのような角度から治療を進めればより効果的かを、小坂が絶えず探り続けていた結果なのでしょう。

家族研究から出発したこともあって、最初は、発病の原因は両親の側にあるとされていました。そして、後に発病することになる子どもを、幼少期に傷つけてきたことに対して、両親が本人に謝罪することを、治療の中心に位置づけていたのです。この当時の小坂の原因論は、昨今のトラウマ理論とそっくりです。

その後、親元を離れて独り暮らしをしているクライアントでも、再発やいやらしい再発を起こすことが明らかになったこともあって、直接の心理的原因は、両親ではなく、クライアント自身の側にあると考えられるようになりました。

そのため、原因を思い出させる場合、単なる出来事の想起という形ではなく、本人の責任をからめ、自分の失敗という形で思い出させるようになったのです。そのほうが、治療効果が高まるということでした。ここから、クライアントの責任を問うという姿勢が出てくるわけです。先述のように、この前後から小坂は「変身」し、クライアントへの態度が厳しくなったのでした。

さらにその後は、クライアントがライバルと見なす同性同年の相手に敗北することで再発するという原因論を唱えるようになります。これは、**ライバル理論**と呼ばれるものでした。ライバルに負けることで、〝自己尊大視〟が傷ついて〝抑圧〟が起こり、症状の出現に至るというのです。この時期は、そうした誇大的傾向の修正ということが、それまで以上に重視されました。

統合失調症の罹患者は、自分を極度に卑下する一方で誇大視する傾向と、勝ち負けに極度にこだわる傾向をもっているという観察がその背景にありました。これらを含めたクライアントたちの心理的特性を、小坂は、皮肉を込めて〝もちあじ〟と呼んでいました。そして、実社会では通用しにくい、そのもちあじを軽減させることを治療の根幹に位置づけていたのです。

ライバル理論の次に小坂が唱えたのは、統合失調症の罹患者は、両親に対する復讐《ふくしゅう》のために、この疾患をあえて選んだと考える〝**復讐理論**〟でした。私は直接には知らないのですが、おそらくこれが、心理療法としての小坂理論の最後の形態なのでしょう。その後、小坂は、心理療法そのものから離れ、精神科の漢方医に転じてしまうのです。漢方には、以前から強い関心を寄せていたのでした。

その少し前に、私は、幸か不幸か、小坂と同じような運命を辿《たど》ります。クライアントたちが、いやらしい再発に陥ったり、さまざまな問題を起こしたりするようになったこともあって、勤務先の病院内で次第に支持を失い、最終的には、心理療法が続けられない状況にまでなってしまったのです。そのため、統合失調症から離れて東京に戻り、心因性疾患全般を対象にした心理療法を手探りで始めるようになったわけです。

当時の小坂の教えで、今なお私の考えかたに強く残っているのは、小坂が〝実証主義〟と呼んでいた研究姿勢です。

クライアントの病歴や発病前の情報が得られた場合には、それらから推理したことをクライアントに指摘します。それに対して、情報がない場合には、白紙状態でクライアントと向き合い、記憶が消えているはずの発病直前の出来事を探り出そうとします。そして、いずれの場合も、反応という客観的指標を指針にして、その推定が正しいかどうかを絶えず確認し、症状の変化を見ながら治療を進めていくわけです。

私は、心理療法の経歴の最初の段階で小坂の理論と出会い、このような経験をしていたおかげで、**何らかの手段によって現実に症状を消すことこそが心理療法の絶対的な必要条件だと、当然のように考えていました。**それができなければ、心理的原因と言ったところで、単なる推定の域を出ないため、どれほどりっぱに見える理論がその背景にあったとしても、治療法としての存在価値はないわけです。

当時、私が心身症の心理療法を志したのは、ひとつには、心身医学なら心理的原因の存在が公に認められているので、周囲から強い反発を受けるおそれは少ないのではないかと考えたためでした。

とはいえ、心身医学では、ストレスという要因が発症の原因とされているとしても、個々のクライアントについて実証的な方法で確認されているのだろうかという疑問は、当然のことながらありました。それとも、ストレスが原因のはずだという思い込みに基づいて、画一的にそのように断定されているにすぎないのでしょうか。

その疑問を解くためには、実際にその領域に踏み込んで、自分で確かめるしかありませんでした。

反応を唯一のコンパスとした冒険

その後、私は東京の、東洋医学的治療を中心とする特殊内科に勤務しました。その内科の掲げる目標は、病気を治すことではなく、ステロイドなどの副作用の強い薬を減量ないし中止し、そのうえで病状を少しでも軽くすることでした。現代医学の治療では満足できない慢性病をもつ人びとが、文字通り全国から集まってきていました。心因性疾患の治療法の研究をするうえでは、まさに理想的な環境でした。同じ専門家がほかにいなかったおかげで、自由にふるまうこともできました。

そして、一八年という長い年月をかけて、アトピー性皮膚炎や潰瘍性大腸炎、末期がん、各種膠原病《こうげんびょう》を含め、一般の心療内科では出会う機会が少ない病気をもつ数多くの方がたと身近に接しながら、さまざまな経験を積むことができたのです。

さらには、明らかな統合失調症のクライアントも、東洋医学的治療を受けるために入院してくることがありました。そのため、ほかの心因性疾患と比較しながら、心理療法の探究を進めることが可能になったのです。

心身症の原因については、現在でも、ストレスや心理的負担以外には、全くと言ってよいほど考えられていないのに対して、統合失調症は、一般の精神医学では心因性の疾患とはされていません。しかしながら、これまで見てきたように、明らかに心理的原因によって発症しているのです。心身症と統合失調症の間にある、このギャップは、どのように埋めればよいのでしょうか。それとも、両者は全く別の原理で発症するのでしょうか。

すぐにわかったのは、症状出現の直前にあるはずの心理的原因を探ろうとすると、心身症のクライアントにも、統合失調症の場合と同質の反応が出ることでした。

ひとくちに心身症と言っても、たとえば、いわゆる自律神経失調症と、気管支喘息《ぜんそく》や潰瘍性大腸炎とは、医学的には全く異質な疾患です。にもかかわらず、心理的原因を探ろうとすると同じような反応が例外なく出るのです。そして、原因となった出来事らしきものについて詮索《せんさく》するのをやめると、反応もすみやかに消えるのでした。

私は当初、治療法としては、小坂が提唱していた、先述のライバル理論を使いました。

その結果、心身症であっても、統合失調症の場合と同じようなライバルが探し出せることがわかりました。そして、そのライバルとの間に起こった出来事を思い出させることで、症状を消したり軽くしたりすることができたのです。しかしながら、これでは、心身症と統合失調症という、全く異質な疾患の違いが、かえってわからなくなってしまいます。

とはいえ、やはり違いはありました。ひとつは、幼少期から続いていたほどの頑固な症状が大幅に改善するという劇的な事例があった一方で、統合失調症と比べると、多くの事例で症状が多少軽くなる程度の変化しか起こらなかったことです。当初は、その理由を器質的な変性が起こっているためかとも考えましたが、自覚症状が中心の自律神経失調症などでも事情は同じでした。

もうひとつは、後年になってわかるのですが、統合失調症の場合には、「ふつうであることの喜び」という、他の心因性疾患とは少々異質な幸福を避けているということでした。したがって、たとえば気管支喘息を合併症としてもっている統合失調症の罹患者では、通常の喜びが否定された時には、統合失調症の再発ではなく、喘息発作という心身症状のほうが出ることになるわけです。そして、喘息発作を起こしている時に、統合失調症特有の原因によって幻覚・妄想が出ると、それと引き換えのようにして喘息発作は消えるようなのです。かつての精神科には、「分裂病と喘息は合併しない」という、言い伝えのようなものがありましたが、それは、この現象のことを指しているのでしょう（ここでは詳しく説明する余裕がないので、この問題に関心のある方は、拙著『幸福否定の構造』第8章を参照してください）。

その後、私の治療理論はしばらく試行錯誤の状態が続きます。心理的原因に関係するライバルの存在が探り当てられない事例が続々と登場したため、自己尊大視の傷つきや敗北という原因論の見直しを迫られ、ライバル理論を再検討せざるをえない事態になりました。しかし、心理的原因に関係した出来事の記憶が消えているという事実と、その周辺を探ると反応が出るという事実のふたつは、一貫して観察され続けたため、これらの点を修正する必要は、その後も全くありませんでした。

その頃には、反省の重要性を考慮して、内観療法の技法のエッセンスをとり入れる試みもしています。内観療法という心理療法の原型となった内観法は、浄土真宗の一派の過酷な修行法を一般向けに改良した修養法で、1週間の泊り込みの中で、朝から晩まで、一定の指針に基づいて反省を繰り返すものです。その内観療法は、専門家の間では、森田療法と並んで、日本発の心理療法として世界的に知られています。心因性の症状が劇的に好転するとされていたことも、内観療法を研究の対象とした理由のひとつでした。

こうした試行錯誤の中で次第にわかってきたのは、**心因性疾患をもつ人たちは、いろいろな理屈をつけながら、幸福を巧妙に避けたり、不幸を無意識のうちに待ち望んだり作り出したりしているという事実**でした。心因性疾患全般を対象とするようになって六年弱が経過した一九八三年の初めには、そのような特性を表現するのに、〝不幸志願〟や、その極端な形態である〝自滅志願〟という言葉を使うようになりました。

その当時は、不幸志願をもつ人たちは〝すねる〟傾向をもっており、主体性がなく、自己決定もしなければ正当な自己主張もせず、受け身的な姿勢をとっていると考えていました。これが、幸福否定という考えかたの原型になるわけです。

この頃、心理的原因の探究という側面でも、わずかながら進展がありました。ライバルとの関係よりも、家族、特に母親との関係を次第に重視するようになったのです。それは、従来的な加害者としての親ということではなく、親子間の信頼関係が、心底ではまちがいなく成立しているという事実でした。いわゆる母性本能は壊れていなかったことになります。だからこそ、子どもばかりか、母親の側も、それぞれ相手の愛情を、すねて否定するということなのでした。虐待者に実母が多いのは、そのためなのです。

母親にかわいがられた記憶が非常に乏しいか、ほとんどない人たちは、心因性疾患をもっているかどうかとは無関係にたくさんいます。ところが、たいていの場合、母親がその子を抱いている写真が残っているのです。そうすると、実際には母親はその子をかわいがっていたという事実があるわけで、子どもの側もその状態を経験していたはずです。ただし、本人は、その写真を見ても、そのように考えることはまずありません。

そこで、そのような記憶のない人たちに、幼児の自分が母親に抱かれている状況を空想させてみました。すると、一部の例外を除いて、そのイメージを描くのが非常に難しく、同時に大なり小なり反応が出ることがわかりました。このような経験を踏まえて、この頃から、〝空想〟という方法を治療の根幹に位置づけるようになったのです。

しかし、その当時の私はまだ、心理的原因は悪いことでなければならないという固定観念に縛られていたため、「母親に対する逆うらみ」や「ライバルに対する敗北」を原因に関係づける考えかたから、まだ抜け出せていませんでした。そのため、実際の治療場面で観察された事柄を適切に位置づけることができなかったのです。

新しい発見をするということは、自分や社会が常識としてきた固定観念にそれまでとらわれていたことに、暗闇《くらやみ》に光を当てるように、意識の目を初めて向けるということです。まさに目からうろこが落ちるということなのですが、では逆に、その常識は、どのようにして作りあげられるものなのでしょうか。おそらく、ここにも、抵抗というものが関係しているはずだと、私は考えています。

自分の意識を説得する手段としての「症状」

それまでの私は、母親に対する逆うらみというものは、少なくとも意識下では幼少期から連綿と続いているものと、当然のように考えてきました。ところが、治療法の探究を続ける中で、実際にはそうではないらしいことがわかってきたのです。うれしいことがあったり、母親の愛情や他者の好意がわかりそうになったりした時に、幼少期の不快な出来事を、そのつど意識の上に引き出して、一時的に作りあげると考えたほうがよさそうな事例が、目の前に相次いで現われたためでした。

そのような事例に接した結果、逆うらみを、意識下で「うれしさ」が続く限り作り続けるとともに、その逆うらみと関連づけた症状を作りあげることによって、そうした愛情や好意を否定しようとするのではないか、と考えるようになったのです。

そうであるとすれば、トラウマのようなものは存在しないことになるので、治療としては、多くの時間をかけて、問題と思《おぼ》しき出来事を幼少期まで遡って解決するという、大変な労力と時間を要する作業をする必要はなくなります。幸福を否定する意志の治療ということになるので、現時点で起こった出来事を、いわばその代表例のようにして扱うだけでよいことになるわけです。

この時点で私の理論は、ＰＴＳＤ理論の枠組みを乗り越え、さらには小坂理論とも完全に決別して、いわば非常識的な人間観へと大きく飛躍しました。しかし、その一方では、「心理的打撃が原因である」とする考えかたから完全に抜け出すことは、依然としてできなかったのです。理論的な面では混沌としていたということであり、ここには、私自身の抵抗が関係していたと考えざるをえません。

一九八四年六月、私の心理療法理論に、最大級とも言える大きな進展がありました。**症状とは、何よりも自分の意識を説得するための手段なのではないか**、と考えるようになったのです。そして、４ヵ月後の同年一〇月から、空想という一種のイメージ法を、より積極的に感情を作らせる感情の演技という方法に発展させました。場面のイメージではなく、まさに感情を作ることに焦点を絞ったのです。

ところが、振り返ってみると、きわめて興味深いことに、「幸福否定から症状を作る」という着想には、まだたどりついていないのです。心理的原因と幸福否定のふたつがようやく結びついたのは、それから半年後の一二月に入ってからでした。

にもかかわらず、この一九八四年一二月の時点でも、こうした事例は例外的なものにすぎないという考えが、払拭《ふっしょく》しきれずにまだ残っていたのです。すべての症状や異常行動の発生が幸福否定に関係すると考えるようになるまでには、もう少し時間が必要でした。私の中にある常識という抵抗を乗り越えるためには、具体的事例を通じて、そのことがほぼ例外なく確認されるのを待たなければならなかったのです。

その時点で、私の心理療法は理論的統一に大きく近づきました。幸福否定という着想に到達するのがこれほどまでに遅れたのは、やはり、私のうちにある抵抗を克服するのに時間がかかったからにほかなりません。そこに立ちはだかる抵抗を乗り越えない限り、このような着想は出てこなかったのです。抵抗とは、従来的なものとは正反対の、「幸福に対する抵抗だ」ということが、この時、ようやく明らかになったわけです。

ところが、ここで大変な難題が浮上します。ストレス学説では、症状がどのようにして発生するかということまで心配する必要はないのですが、幸福否定から症状を作るとなると、幸福に水を差すという明確な目的をもって、何らかの力が心身を自在に操ることを想定する必要が出てきます。反応という客観的な目印を使って、厳密な検討を重ねた結果、浮かび上がった理論は、逆に大きな謎をもたらしたのです。

内心の抵抗と超常現象

この問題には、重要な現象が関係しています。このことについて詳しく説明すると、一冊の本が必要になるほどなので、詳細は別著（笠原、二〇〇〇年、第4章。Kasahara, 1983）をご覧いただくことにして、ここでは必要最小限の説明にとどめます。

ひとつは、心理療法でのやりとりを、クライアント自身が後で聞き直すために録音していると、肝心な場面で大きな静電音が録音されたり、なぜか音量が極度に小さくなったりして、再生した場合に聞きとれなくなるという現象が頻発することです。録音媒体は、時代によって異なり、最初は磁気テープでした。次が光磁気ディスクで、最近はICレコーダに変わっています。にもかかわらず、同質の雑音が発生するのです。特にICレコーダでは、さらにふしぎな現象も起こります。たとえば、録音されていたはずなのに、再生しようとすると別の日の録音にとんでしまうなどの現象です。

最近は、遠方の方がたの心理療法をスカイプ（インターネットを介したビデオ通話）で行なうことも多いのですが、その場合にも、肝心な場面で、多種多様の電子音が入ったり、音量の低下が起こったり、音声が途切れたり、映像が停止したり、場合によっては接続が切れてしまったりするという現象が頻発します。特定の話題に入ると、その瞬間に起こり始めるので、そのことを事前に説明していなくても、むしろクライアント側がその関係に気づいて、この話の時にはいつも雑音が入るので、このことは重要なのだと思います、などと自分から言い出すこともあるほどです。

ここでは、明らかな念力現象が、しかも多くのクライアントで頻繁に発生しています。このことは、超常現象としては、きわめて異例なことなのです。こうした現象は、それほど重要な問題を扱っていることの現われと考えるべきなのでしょう。

その中でも最も興味深いのは、録音しながら行なったセッションで、同じ人物についてやりとりしている時に、眠りと雑音が、交互に繰り返し発生したという事例です。反応は、互いに排他的に起こるという原則に忠実に従ったわけです。その事例では、同じ人物について話している時に限って、強い頭痛が起こったり、一瞬のうちに眠ってしまったりを繰り返したのですが、録音テープを再生してみると、強い頭痛が起こっていた時にはテープに大小の静電音が入っており、やりとりが全く聞きとれなくなっていたのに対して、眠っている間には、静電音は全く入っていなかったのでした（笠原、二〇〇〇年、第4章）。

このことから、眠りと雑音の発生は、同じ動機から作りあげられたものと考えざるをえなくなります。このような事例からすると、**超常現象は、かなりの規模のものであっても、実は誰でも自在に起こすことができる**と考えたほうがよさそうです。

その一方で、超常現象の実在に対する抵抗の現われとして、強い反応が広く見られるという事実がわかってきました。たとえば、超常現象について、科学的な背景で説明すると、あくびが止まらなくなってしまったり、強い眠気に襲われたり、一瞬のうちに眠り込んでしまったりする人がたくさんいるということです。超常現象について厳密に書かれた本を読んだ時にも、同じような反応がよく起こります。その場合の反応は、心因性疾患をもっているかどうかとは関係なく出るのです。

では、超常的な能力を動員することまでして、意識の上にのぼらせるのを内心が嫌うことは、どのような事柄なのでしょうか。それは、ひとつには、心を脳の活動の副産物と考える、従来的な一元論的人間観の対極にある、脳と心を別の実在と考える二元論的人間観のようです。これは、宗教で想定されている人間観に近いものでしょう。

宗教では、死後の魂の実在はもとより、生まれ変わりという現象も、当然のことのように信じられています。むしろ、そのようなものを大前提にしなければ、宗教の信仰体系は体をなしにくくなるのではないでしょうか。では、信者たちは、本当にその実在を信じているのかと言えば、おそらくそうではありません。

聖典に書かれているから、あるいは聖職者から教えられたから信じているという、いわば権威に対して忠実な態度をとった結果の間接的信念なのであって、そうした権威から離れて、自らの判断のもとに信じているということではないのです。そのことは、自分が従っている権威が、それまでの主張を翻した時にはっきりするはずです。

いずれにしても、ここで肝心なのは、宗教で想定されているのに近い人間観を、それが本当だとしたらどれほど大変なことかという、ことの重大性を十分に認識したうえで、科学的な方法で検証するということのようです。

以上のように、個人の問題を離れた一般的な現象や概念にも、同質の抵抗が起こることになると、抵抗というものの見かたを根本から変更せざるをえなくなります。これまでの抵抗は、個人の枠内に限定されていました。ところが、一般的な事柄に対しても同じ抵抗が起こることが明らかになってくると、抵抗を、はるかに大きな視野でとらえる必要が出てきます。

ストレス学説に代わるあらたな考えかた

心身症のストレス学説という考えかたは、人間の常識に沿ったものです。ストレスという概念がなかったとしても、悪い出来事を経験すれば心身が徐々に変調をきたすという考えかたには、違和感はないでしょう。ところが、幸福否定理論のように、「自分の幸福を意識の上にのぼらせまいとして、内心というものが、自分の肉体や意識を自在に操っている」と考えることには、宗教的な背景でならまだしも、科学的な背景で考えると、とてつもなく強い抵抗が起こります。

もちろん、私の言う抵抗という概念は世間一般には存在しませんが、仮にあったとしても、私の理論が拒絶されるのは、そうした「抵抗」のためではなく、あまりに愚かしいためだということになるかもしれません。したがって、検証などする必要はないという結論に直行することになるかもしれないわけです。しかし、ここで肝心なのは、それが抵抗による結果なのかどうかを、客観的な指標に基づいて検討することです。

私の理論の中にも、抵抗が強い部分とそれほどではない部分とがありますが、特に強い部分もいくつかあります。そのひとつは、心理的原因が症状出現の直前（つまり、1、2秒前）にあるという事実に対して起こるもので、人間は、専門家、非専門家を問わず、ここで信じがたいほど強い抵抗を示します。

その直接の理由は、おそらく次のふたつでしょう。心理的原因が症状出現の直前にあることになると、

- 真の原因が特定しやすくなる。そうすると、真の原因は悪いことではないという事実がはっきりしてしまう
- その記憶を意識から消し去り、症状を瞬間的に作り出しているなど、主体的に操作

している事実が明らかになってしまう。そうすると、特に心身症の場合、心理的な理由によって身体的な症状が一瞬のうちに作り出されることになるため、そのしくみを考えなければならなくなる

このふたつは、人間の本質に迫るうえで非常に重要な糸口になります。この2点を認めると、人間に対する常識的な見かたが、次のように、根本から変更を迫られることになるからです。

- 育てられかたなどとは無関係に、「人間に内在する非常に強い意志」のあることが、意識にはっきりとわかってしまう
- 人間というものが、これまで考えられてきたような、環境に翻弄《ほんろう》されてばかりいる、か弱い受け身的存在ではないどころか、内に秘めた絶大な能力や明確な目的のもとに、環境を積極的に利用して生きる、強靭《きょうじん》な意志をもつ屈強な存在であることが、隠しようもなくわかってしまう

ストレスという概念を考えるとわかりますが、人間はこれまで、環境にふりまわされてばかりいる、か弱い存在と考えられてきました。過去のトラウマという概念も、育てられかたを含め、外部からのストレスが原因で起こるという考えかたになっています。

ところが、それとは正反対に、自分の幸福を否定するという明確な目的をもって、心身の症状や行動の異常を自分自身が引き起こしているというように、この現象がいわば自己完結していることになると、人間に対する見かたが根本から覆されてしまいます。ここに強い抵抗が起こるのですが、私の考えでは逆に、ストレスによって心因性の疾患や行動の異常が起こるという着想自体が、幸福否定の結果として作りあげられた虚構（後述する〝共同妄想〟）なのです。

これらの点を考えると、心理的原因を探ることとの意味や重要性が、これまで以上にはっきりしてきます。

その一方で、幸福否定の理論や方法は、通常の教育や説得によって伝えることができないことも、同時に明らかになります。

具体的に言えば、本書を通じてどれほど詳しく説明しても、肝心な部分は頭に入ってこないばかりか、読むことにさえ抵抗が起こるということです。そして、読んで理解したつもりになっていても、記憶（意識的記憶）に全く残らないということすら、ごくふつうに起こるということなのです。この推定が当たっているかどうかは、ここまで読み進んでこられた方がたには、実際に確認していただけていることでしょう。

しかし、ここでもう一度繰り返すと、幸福否定という考えかたとそれに基づく治療法は、観念の世界で私が勝手に作りあげたものではないということです。これまで説明してきたように、私自身が直接に観察してきたクライアントたちの抵抗の集合体から、つまりはその無意識的な総意から自然に浮かび上がった客観的な根拠をもつものなのです。

幸福否定の普遍性

客観的な根拠があるとすれば、幸福否定とは、どれほど普遍的な現象なのでしょうか。これまでの観察事実から、現在、私が推定していることを、ごく手短に紹介しておきたいと思います。

幸福否定の結果として起こるものにはふたつあります。

ひとつは、Ⓐ実生活に見られる幸福否定であり、もうひとつは、Ⓑ実生活を超えたところで見られる幸福否定です。精神病の罹患者が示す、いわば孤立妄想に対して、Ⓑは人間に普遍的に見られる〝共同妄想〟を成立させている動因となるものです。

私の言う共同妄想の中核にあるのは、現在の科学知識の根幹になっている、宇宙はすべて偶然に支配されているという考えかたです。このこと自体は、科学的方法で証明されているわけではないので、実際にはひとつの信仰にすぎません。そこから派生したのが、心は脳の活動の副産物にすぎないため、心が実在するように感じられるのは実は錯覚であって、心自体には力はないという考えかたです。

私の考える共同妄想の中には、突然変異と自然選択というふたつの要因が両輪になって生物の進化が起こるという、ネオ・ダーウィニズムと呼ばれる現在の進化論も含まれます。この問題はきわめて重要なのですが、残念ながら紙幅の余裕がないため、関心のある方は、拙著（『幸福否定の構造』第7章）を参照していただきたいと思います。

これまで、私自身で心理療法を行なった外国人クライアントは、アメリカ人と韓国人、中国人のみなので明言はできませんが、この心理療法は、どの文化圏に生まれ育った人にも、ほとんどそのままの形で適用できると思います。

また、私や私のクライアントがさまざまな場面で確認した範囲では、心因性疾患をもっているかどうかとは無関係に、感情の演技そのほかの場面で、同様の反応や抵抗が出現することが、さまざまな人種で確認されています。したがって、私の言う幸福否定という心の動きは、わが国ばかりでなく、どの文化圏に住む人びとにも内在していることが十分に推定されます。幸福否定という心の動きが、人類全体に遍在することの証明は、実際には不可能ですが、遍在すると考えたほうが事実に近いでしょう。

人は誰でも、幸福を追求するために自分の能力を高め、引き出したいという根源的欲求をもっているようです。したがって、症状や問題が発生するということは、その抵抗の結果であり、その人が前向きに努力しようとしている結果だということです。

そのような観点から見ると、抵抗と、それによって生ずる反応や症状や行動異常は、人間の本質を知るうえで、きわめて重要な手がかりになるはずです。症状や異常行動は、ふつうは悪いものと考えられますが、それが自分を高める契機になるとすれば、結果的には役立つことになります。つまり、喜びが裏に隠れていることを教えてくれる最も確実な指標は、まさに内心が作り出した心因性の症状や異常行動なのです。

生物が進化するにつれて意識が次第に浮上して、類人猿が人間になってから最も明瞭な意識が出てきたわけですが、現在の人間の意識のほとんどは、まだ自分の本質を隠蔽する手段という段階にとどまっています。

私の心理療法の経験からも言えることですが、この脈絡で考えると、**進化の最終目標は、心の奥底に潜んでいる本心を、意識に浮上させること**なのではないかと思います。それが実現されたあかつきには、幸福否定をする内心が消滅し、本来の能力や徳性が自在に発揮できるようになるということです。

ひるがえって、完璧な能力や徳性が人間に内在しているとすれば、内心という心の層が生み出す複雑なしくみによって、それらを表出しにくくしているのは、あるいは、それを覆い隠そうとするのは、いったいなぜなのでしょうか。

このことは、進化の本質に関係しているに違いないと、私は愚考していますが、いずれにせよ、真の意味で人間を理解するには、反応やその背後にある抵抗の本質を明らかにすることが不可欠です。そして、そのための糸口は、私たちの身近にあまねく存在しているのです。

参考文献

【第1章】

J・M・シュウォーツ他（二〇〇四年）『心が脳を変える』サンマーク出版

中田力（二〇〇一年）「座談会 こころに迫る脳科学」での発言『こころの科学』第一〇〇号（日本評論社）

W・ペンフィールド（一九七七年）『脳と心の正体』文化放送開発センター出版局

三浦義彰（一九九六年）『医学者たちの１５０年――名門医家四代の記』平凡社

Eccles, J.C.（1953）. *The Neurophysiological Basis of Mind: The Principles of Neurophysiology*. Oxford: Clarendon Press

Ghaziri, J., *et al.*（2013）. Neurofeedback training induces changes in white and gray matter. *Clinical EEG and Neuroscience, 44*, 265–72.

Kitayama, S., and Park, J.（2010）. Cultural neuroscience of the self: Understanding the social grounding of the brain. *Social Cognitive and Affective Neuroscience, 5*, 111–29.

【第2章】

プロティノス（一九八〇年）「三つの原理的なものについて」田中美知太郎編『プロティノス・ポルピュリオス・プロクロス』（中央公論新社）所収

H・ベルクソン（一九九二年）『精神のエネルギー』第三文明社

Bergson, H. (1920). *Mind-Energy: Lectures and Essays*. New York: Henry Holt & Co.
Mason, A.A. (1952). A case of congenital ichthyosiform erythrodermia of Brocq treated by hypnosis. *British Medical Journal*, Aug. 23, pp. 422–3.
Mason, A.A. (1955). Ichthyosis and hypnosis. *British Medical Journal*, July 2, pp. 57–8.
Rehder, H. (1955). Wunderheilungen, ein Experiment. *Hippokrates*, *26*, 577–80.
Rhine, J. B. (1950). Parapsychology and biology. *Journal of Parapsychology*, *14*, 85–94.

【第3章】

江川紹子（一九九七年）『「オウム真理教」裁判傍聴記〈2〉』文藝春秋
高見澤潤子（一九八五年）『兄 小林秀雄』新潮社
K・ドールトン（一九七九年）『マタニティー・ブルー――産後の心の健康と治療』誠信書房
林郁夫（一九九八年）『オウムと私』文藝春秋
降幡賢一（一九九九年）『オウム法廷〈4〉――松本智津夫の意見陳述』朝日文庫
D・ペルザー（一九九八年）『"It"と呼ばれた子』青山出版社
Bryk, M., and Siegel, P.T. (1997). My mother caused my illness: The story of a survivor of Münchausen by proxy syndrome. *Pediatrics, 100*, 1–7.
Garfield, P., *et al*.. (2004). Outcome of postpartum disorders: A 10 year follow-up of hospital admissions. *Acta Psychiatrica Scandinavica, 109*, 434–39.

【第4章】

笠原敏雄（二〇〇四年）『幸福否定の構造』春秋社
笠原敏雄（二〇一〇年）『本心と抵抗――自発性の精神病理』すぴか書房

【第5章】

浅野弘毅（二〇〇〇年）『精神医療論争史』批評社
笠原敏雄（二〇〇〇年）『超心理学読本』講談社プラスアルファ文庫
小坂英世（一九七〇年）『精神分裂病患者の社会生活指導』医学書院
小坂英世（一九七二年a）『患者と家族のための精神分裂病理論』珠真書房
小坂英世（一九七二年b）『精神分裂病読本』日本看護協会出版部
S・シュミット（二〇〇五年）『自由こそ治療だ――イタリア精神病院解体のレポート』社会評論社
浜田晋（一九八六年）「小坂療法と私――小坂流家族療法の再検討」大原健士郎、石川元編『家族療法の理論と実際〈1〉』（星和書店）所収
浜田晋（二〇一〇年）「日本社会精神医学外史［その8］―小坂英世という男」『精神医療』第五九号、一五三―一六二ページ（批評社）
Barber, B.（1961）. Resistance by scientists to scientific discovery. *Science, 134*, 596–602.
Kasahara, T.（1983）. A presumed case of spontaneous psychokinesis in a psychotherapy situation. *Journal of the American Society for Psychosomatic Dentistry and Medicine, 30*, 56–65, 75–84.
White, L.A.（1938）. Science is sciencing. *Philosophy of Science, 5*, 369–89.

おわりに

このところ、自分が本当にしたいことを見つけたいとか、自己実現をしたいとか、本当の自分を知りたいという人たちが増えてきているようです。

アドラー心理学の解説書などが空前の売れ行きを見せているのは、そのひとつの現われなのでしょう。それは、自分の外側ではなく、内側に関心が向かっているということにほかなりません。そして、それこそが、自分を前向きに変え、幸福に近づく力になるわけです。

ところが、既におわかりいただいたように、それを実行することはもちろん、自分が本当にしたいことを知るだけでも、大変に難しいものです。本書には、私の心理療法を進めるうえで最も有力な手がかりである〝反応〟という客観的指標を使って、それらを突き止める方法も詳しく解説しておきました。

〝幸福否定〟という心の動きが、意識にのぼらないにしても万人にあるらしいことに気づいてから、今年で既に三〇年以上になることは、本文に書いておいた通りです。最初は、自分で考えついたこととはいえ、その裏づけが乏しかったため、あまり確信がもてませんでした。

それ以来、反応を手がかりにしながら、この着想をもとにした心理療法をずっと続けてきましたが、それと並行して、古今のさまざまな関連資料もできる限り渉猟してきました。

それらを通じて得られた裏づけが積み重なるにつれ、幸福否定という心の動きが、意識に悟られることのないまま万人に内在しているという仮説が、私の中では次第に確固たるものに変わってきたのです。それとともに、反応は、無意識的な心の動きを知るうえで、非常に有力な方法であることも確認されたわけです。反応がこのように実用的に利用できるという事実は、これまで全く知られていませんでした。

人間は、自分で経験しない限り、本当には理解できないものです。特に、幸福否定という考えかたは、通常の学習が成立しにくい領域にあるため、読んで知識を身につけるという従来的な方法はほとんど役立ちません。そのような事情から、本書に書かれている通りの現象が起こることを、この中で提示している方法を使って、ぜひ確かめてみてください。この考えかたを納得する道は、それ以外にないと思います。

そして、それが自分なりに少しでも確認されれば、これまでとは全く違った大きな世界が、目の前に開けてくるでしょう。

本書は、一見すると絶望の書のように感じられるかもしれませんが、そうではありません。実際には幸福否定は、真の幸福に到達するためのプロセスと考えるべきであり、したがって、本書は、大きな希望をもたらすはずの書なのです。

一般読者向けにわかりやすい説明を心がけましたが、それでは飽き足らない読者に向けて、関心をさらに広げていただくためのメッセージも、ところどころに織り込んでおきました。読書の醍醐味《だいごみ》というものが、そのような点にもあると思うからです。

本書は、私の研究に関心をもってくださった編集工房まる代表・西村舞由子さんと、フォレスト出版の編集者・寺崎翼さんの尽力のおかげで出版に至ったものです。これまで、あちこちに書いてきたことを、一冊の本にわかりやすくまとめたいという希望は以前からあったのですが、諸般の事情で、なかなか実現しませんでした。私の長年の希望をかなえてくださったおふたりに、この場を借りて、深く感謝するものです。

二〇一六年五月

笠原敏雄

【追記】本書は、主として、拙著『懲りない・困らない症候群』、『幸福否定の構造』、『本心と抵抗』をもとにして作られているため、多くの文章がこの3著から引用されていることを、ここにお断りしておきます。

〈著者プロフィール〉
笠原敏雄（かさはら・としお）
1947年生まれ。早稲田大学第一文学部心理学科卒業。小樽市の医療法人北仁会石橋病院心理科、大田区の医療法人社団松井病院心理療法室に勤務の後、1996年4月、品川区に〈心の研究室〉開設、現在に至る。著書に『隠された心の力』、『懲りない・困らない症候群』（『なぜあの人は懲りないのか困らないのか』として再刊）、『幸福否定の構造』（以上・春秋社）、『希求の詩人　中原中也』（麗澤大学出版会）、『本心と抵抗』（すぴか書房）、『加害者と被害者の“トラウマ”』（国書刊行会）、『超心理学読本』（講談社プラスα文庫）、編著書に『サイの戦場』（平凡社）、『超常現象のとらえにくさ』、『多重人格障害』、『偽薬効果』（以上・春秋社）、翻訳書に『がんのセルフ・コントロール』（共訳・創元社）、『前世を記憶する子どもたち 1・2』、『もの思う鳥たち』（以上・日本教文社）その他がある。

■電子メール　kasahara@h02.itscom.net
■ホームページ　http://www.02.246.ne.jp/~kasahara/

幸せを拒む病

2016年6月20日　　初版発行

著　者　笠原敏雄
発行者　太田　宏
発行所　フォレスト出版株式会社
〒162-0824 東京都新宿区揚場町2-18　白宝ビル5F
電話　03-5229-5750（営業）
03-5229-5757（編集）
URL　http://www.forestpub.co.jp

印刷・製本　中央精版印刷株式会社

ISBN978-4-89451-966-4　Printed in Japan